Cookies, muffins & Co

Pascale Weeks

FIRST Editions

ISBN 978-2-7540-0188-5
Dépôt légal : 1er trimestre 2006
Imprimé en Italie
Conception couverture : Bleu T

Mise en page : Georges Brevière

Éditions First-Gründ
60, rue Mazarine
75006 Paris
Tél : 01 45 49 60 00
Fax : 01 45 49 60 01
E-mail : firstinfo@efirst.com
Site Internet :www.editionsfirst.fr

Introduction

Muffins, cookies, crumbles, brownies : ces desserts anglo-saxons sont de plus en plus connus et appréciés en France. En revanche, d'autres desserts britanniques ou américains n'ont jamais traversé ni la Manche ni l'Atlantique et méritent pourtant d'être découverts. Victoria sponge cakes, blondies, flapjacks, cobblers et trifles, par exemple, sont des desserts excellents mais malheureusement, le plus souvent méconnus.

Si vous discutez avec un Anglais ou un Américain, ils vous raconteront volontiers les souvenirs émus qu'ils ont d'un trifle ou d'un cobbler cuisiné par leur mère ou leur grand-mère. La majorité des spécialités sucrées anglo-saxonnes sont à l'origine des desserts familiaux traditionnels, cuisinés depuis des siècles.

N'hésitez pas à vous lancer dans l'aventure, ils sont faciles à réaliser à la maison. Certains sont liés à des fêtes, comme le mythique Christmas pudding, que l'on mange le jour de Noël en Grande-Bretagne ou la Pumpkin pie que l'on mange traditionnellement aux États-Unis, le jour de Thanksgiving. Les autres sont simplement liés à des moments de convivialité entre amis ou en famille, que ce soit autour d'une tasse de café ou de thé ou à la fin d'un repas le dimanche.

Dans la majorité des cas, le nom de la recette est volontairement laissé en anglais car il n'y a pas toujours d'équivalent en France et les recettes perdraient de leur mystère avec une traduction. L'origine de certains desserts n'est pas toujours facile à déterminer car on les trouve à la fois en Grande-Bretagne et aux États-Unis.

Ingrédients et ustensiles

Toutes les recettes de ce livre ont été testées avec des ingrédients que l'on trouve partout en France dans les grandes ou moyennes surfaces et en utilisant des moules traditionnels. Si vous utilisez des moules en silicone alimentaire, les temps de cuisson peuvent être différents.

Lancez-vous et bon appétit !

CARROT CAKE / États-Unis

10 pers. **Préparation : 30 min Cuisson : 45 min**

Gâteau : 280 g de farine à levure incorporée • 300 g de sucre en poudre • 2 cuil. à café rases de levure chimique (en plus de la farine à levure incorporée) • 3 cuil. à café rases de cannelle • 2 cuil. à café rases de gingembre en poudre • 1 sachet de sucre vanillé • 25 cl d'huile de tournesol • 280 g de carottes râpées • 4 œufs **Glaçage** : 200 g de fromage frais type Saint-Moret • 2 cuil. à café de jus de citron • 2 cuil. à soupe de sucre glace

Réalisation

Préchauffez votre four à 180 °C (th. 6). Râpez les carottes et réservez-les. Dans un grand saladier, mélangez la farine, la levure, le sucre, les épices et le sucre vanillé. Ajoutez l'huile de tournesol et mélangez bien. Ajoutez les carottes râpées, puis mélangez bien. Ajoutez les œufs entiers un par un, en mélangeant bien entre chaque ajout. Versez dans un moule beurré de 25 cm de diamètre. Enfournez pendant 45 minutes environ, jusqu'à ce que le gâteau soit bien gonflé et ferme au toucher. Une lame de couteau insérée au centre du gâteau doit ressortir sèche. Laissez refroidir avant de le démouler. Dans un bol, mélangez le fromage frais avec le sucre glace et le jus de citron afin de bien le ramollir. Étalez ce mélange sur le gâteau refroidi à l'aide d'une spatule.

Bon à savoir : goûtez ce gâteau et vous ne pourrez plus jamais y résister. La présence de carottes apporte un moelleux incomparable. Les Américains le recouvrent d'un mélange de fromage frais et de sucre. Vous pouvez également le recouvrir d'un glaçage à base de sucre glace et de blanc d'œuf.

VICTORIA SPONGE CAKE / Grande-Bretagne

8 pers. **Préparation : 20 min Cuisson : 30 min**

• 225 g de beurre mou • 225 g de sucre • 225 g de farine à levure incorporée • 1 cuil. à café de levure chimique • 4 œufs • 1 cuil. à soupe de lait • 4 cuil. à soupe de confiture de framboises • sucre glace pour le décor

Réalisation

Préchauffez votre four à 180 °C (th. 6). Beurrez les 2 moules de 21 cm de diamètre et mettez-les au frais. Mélangez le beurre mou et le sucre jusqu'à l'obtention d'une consistance crémeuse. Ajoutez les œufs un par un en mélangeant bien entre chaque ajout. Ajoutez la farine, la levure et le lait, puis mélangez. Versez cette pâte dans les deux moules et enfournez pendant 30 minutes environ. Les bords du gâteau doivent se détacher légèrement du moule et une pointe de couteau insérée au centre du gâteau doit ressortir sèche. Laissez refroidir 10 minutes puis démoulez sur une grille. Lorsque les gâteaux sont complètement froids, étalez la confiture de framboises sur l'un des gâteaux et recouvrez-le de l'autre gâteau. Saupoudrez la surface du gâteau avec du sucre glace.

Bon à savoir : ce gâteau est cuisiné en Grande-Bretagne depuis l'époque victorienne. C'était le gâteau préféré de la reine Victoria. Il est également appelé Victoria sandwich cake car il y a toujours de la confiture ou de la crème entre deux couches de gâteaux. Sa texture est assez proche d'une génoise ou d'un gâteau de Savoie. Posez-le sur un plat à gâteau sur pied pour une touche très « époque victorienne ».

VICTORIA SPONGE CAKE AU CITRON
Grande-Bretagne

8 pers. **Préparation : 20 min Cuisson : 30 min**

• 225 g de beurre mou • 225 g de sucre • 225 g de farine à levure incorporée • 1 cuil. à café de levure chimique • 4 œufs • le zeste râpé d'un citron • le jus d'1/2 citron • 1 petit pot de lemon curd • sucre glace pour le décor

Réalisation

Préchauffez votre four à 180 °C (th. 6). Beurrez 2 moules de 21 cm de diamètre et mettez-les au frais. Mélangez le beurre mou et le sucre jusqu'à l'obtention d'une consistance crémeuse. Ajoutez les œufs un par un en mélangeant bien entre chaque ajout. Ajoutez la farine et le zeste de citron et mélangez. Ajoutez le jus de citron et mélangez. Versez cette pâte dans les 2 moules, enfournez et laissez cuire pendant 25 minutes environ. Les bords du gâteau doivent se détacher légèrement du moule et une pointe de couteau insérée au centre du gâteau doit ressortir sèche. Laissez refroidir 10 minutes puis démoulez sur une grille. Lorsque les gâteaux sont complètement froids, coupez-les en deux dans l'épaisseur, à l'aide d'un couteau à pain.

Posez une tranche sur une grande assiette et étalez 2 grosses cuillerées à soupe de lemon curd. Couvrez avec la seconde tranche de gâteau et étalez à nouveau 2 grosses cuillerées à soupe de lemon curd sur le dessus. Recouvrez avec la troisième tranche et étalez à nouveau 2 grosses cuillerées à soupe de lemon curd. Couvrez avec la dernière tranche et saupoudrez-la de sucre glace.

VICTORIA SPONGE CAKE AU CHOCOLAT
Grande-Bretagne

8 pers. **Préparation : 30 min Cuisson : 30 min**

• 225 g de beurre mou • 225 g de sucre • 200 g de farine à levure incorporée • 1 cuil. à café de levure chimique • 25 g de cacao non sucré • 4 œufs • 1 cuil. à soupe de lait **Crème au chocolat :** 100 g de chocolat • 100 g de sucre glace • 75 g de beurre mou • sucre glace pour le décor

Réalisation

Préchauffez votre four à 180 °C (th. 6). Beurrez 2 moules de 21 cm de diamètre et mettez-les au frais. Mélangez le beurre mou et le sucre jusqu'à l'obtention d'une consistance crémeuse. Ajoutez les œufs un par un en mélangeant bien entre chaque ajout. Ajoutez la farine, le cacao non sucré et le lait, puis mélangez. Versez cette pâte dans les deux moules, enfournez et laissez cuire pendant 30 minutes environ. Les bords du gâteau doivent se détacher légèrement du moule et une pointe de couteau insérée au centre du gâteau doit ressortir sèche.

Laissez refroidir 10 minutes puis démoulez sur une grille.

Pendant ce temps, cassez le chocolat en morceaux et mettez-les dans un bol en verre posé sur une casserole d'eau frémissante. Lorsque le chocolat est fondu, mélangez et réservez. Mélangez le beurre mou et le sucre, ajoutez-y le chocolat fondu et mélangez. Lorsque les gâteaux sont complètement froids, posez un gâteau sur un plat rond. Posez la crème au chocolat sur le dessus et étalez-la avec une spatule. Recouvrez du second gâteau et décorez la surface avec du sucre glace.

GÂTEAU À L'ORANGE ET AUX GRAINES DE PAVOT / Grande-Bretagne

8 pers. **Préparation : 20 min Cuisson : 25 min**

250 g de farine à levure incorporée • 1 cuil. à café rase de levure chimique • 25 g de poudre d'amandes • 1 pincée de sel • 175 g de beurre mou • 150 g de sucre • 4 œufs • 2 cuil. à soupe rases de graines de pavot • le zeste d'1 orange et le jus d'1/2 orange

Réalisation

Préchauffez votre four à 180 °C (th. 6). Beurrez un moule à gâteau de 23 cm de diamètre. Mélangez le beurre mou et le sucre jusqu'à ce que le mélange soit bien crémeux. Ajoutez les œufs un par un en mélangeant bien entre chaque ajout. Ajoutez la farine, la levure, le sel, la poudre d'amandes, les graines de pavot, le zeste d'orange râpé et mélangez bien. Ajoutez le jus d'orange et mélangez. Versez la pâte dans le moule et enfournez pendant 25 minutes environ. Une lame de couteau insérée au centre du gâteau doit ressortir sèche. Laissez refroidir 15 minutes puis démoulez sur une grille.

SHORTCAKES AUX FRAISES / États-Unis

8 shortcakes **Préparation : 20 min Cuisson : 15 min**

• 350 g de farine • 2 cuil. à café de levure chimique • 1 pincée de sel • 50 g de sucre • 150 g de beurre froid • 1 œuf entier battu • 10 cl de lait **Glaçage** : 1 blanc d'œuf légèrement battu • un peu de sucre **Garniture** : 250 g de fraises • 2 cuil. à soupe de sucre glace • 25 cl de crème fraîche épaisse pour servir

Réalisation

Préchauffez votre four à 200 °C (th. 6/7).

Mélangez la farine, la levure, le sel et le sucre dans un saladier. Ajoutez le beurre froid coupé en petits cubes et incorporez-le avec vos doigts, jusqu'à l'obtention d'une sorte de chapelure grossière. Mélangez le lait et l'œuf entier et ajoutez-les au mélange précédent. Mélangez avec une fourchette puis avec vos mains jusqu'à l'obtention d'une boule, sans trop travailler cette pâte.

Étalez cette pâte sur une surface farinée, sur une épaisseur d'environ 1,5 cm. Coupez 8 ronds de 7 cm de diamètre à l'aide d'un emporte-pièce ou d'un verre et mettez-les sur une plaque allant au four. Badigeonnez-les avec le blanc battu puis saupoudrez-les avec du sucre.

Enfournez pendant 15 minutes environ, ou jusqu'à ce qu'ils soient dorés. Faites-les refroidir sur une grille.
Pendant la cuisson des shortcakes, lavez, équeutez les fraises puis coupez-les en petits morceaux. Ajoutez-leur 2 cuillerées à soupe de sucre glace puis laissez-les reposer à température ambiante.
Coupez chaque shortcake en deux. Sur la partie inférieure, mettez un peu de fraises écrasées et de fraises en morceaux puis mettez la partie supérieure sur les fraises. Servez avec de la crème fraîche à part.

Bon à savoir : Très populaires aux États-Unis, ces gâteaux sont très proches des scones britanniques. Vous pouvez réaliser des versions individuelles, comme dans cette recette, ou faire un seul shortcake. Dans ce cas, il faudra augmenter le temps de cuisson.

COFFEE CAKE / États-Unis

6 pers. **Préparation : 25 min Cuisson : 30 min**

• 100 g de beurre mou • 175 g de sucre • 2 œufs • 25 cl de yaourt nature type velouté • 1 cuil. à café d'extrait de vanille • 225 g de farine • 1 sachet de levure chimique • 1 pincée de sel **Pour la croûte du gâteau** : 50 g de beurre • 50 g de sucre roux • 50 g de noix de pécan concassées • 2 cuil. à soupe bombées de farine

Réalisation

Préchauffez votre four à 180 °C (th. 6). Préparez la croûte du gâteau en mélangeant le sucre roux, la farine, les noix de pécan concassées puis en incorporant le beurre du bout des doigts jusqu'à l'obtention d'une chapelure grossière. Réservez ce mélange au frais. Dans un saladier, mélangez le beurre et le sucre jusqu'à l'obtention d'un mélange crémeux. Ajoutez les œufs un par un en mélangeant bien entre chaque ajout. Ajoutez le yaourt et l'extrait de vanille et remuez. Ajoutez la farine, la levure et le sel et remuez. Versez dans un moule beurré de 21 cm de diamètre et lissez la surface. Ajoutez les ingrédients de la croûte du gâteau sur toute sa surface et enfournez pendant 30 minutes environ. Une lame de couteau insérée au centre du gâteau doit ressortir sèche.

Bon à savoir : ce gâteau, très populaire aux États-Unis, ne contient pas de café, malgré son nom. Le terme « coffee » signifie simplement que c'est le gâteau idéal à manger avec une tasse de café, car il est assez léger. Le dessus croustillant est très agréable.

ANGEL FOOD CAKE / États-Unis

6 pers. **Préparation : 25 min Cuisson : 15 min**

• 75 g de fécule de pomme de terre • 150 g de sucre glace • 6 blancs d'œuf à température ambiante • 1 pincée de sel • 1 cuil. à café d'extrait de vanille

Réalisation

Préchauffez votre four à 180 °C (th. 6). Tamisez le sucre glace et réservez. Tamisez la fécule de pomme de terre et réservez. Battez les blancs en neige avec le sel en ajoutant progressivement le sucre glace et l'extrait de vanille. Ajoutez ensuite petit à petit la fécule en l'incorporant à l'aide d'une spatule. Versez ce mélange dans un moule non graissé de 21 cm de diamètre et enfournez pendant

15 minutes environ. Le gâteau doit être doré et une lame de couteau insérée au milieu doit ressortir sèche. Retournez le moule sur une grille et laissez refroidir. Démoulez le gâteau en soulevant simplement le moule.

Bon à savoir : ce gâteau, chouchou des Américains, a une texture si légère et une couleur si pâle qu'il semble destiné à être le gâteau préféré des anges.

GÂTEAU AU BEURRE DE CACAHUÈTES

États-Unis

6 pers. **Préparation : 25 min Cuisson : 40 min**

• 250 g de farine • 3 cuil. à café rases de levure chimique • 250 g de beurre de cacahuètes à température ambiante • 150 g de beurre mou • 200 g de sucre roux • 1 sachet de sucre vanillé • 6 œufs • 2 dl de lait

Réalisation

Préchauffez votre four à 180 °C (th. 6). Dans un grand saladier, mélangez le beurre mou, le sucre, le sucre vanillé et le beurre de cacahuètes, jusqu'à l'obtention d'un mélange crémeux. Ajoutez les œufs deux par deux en mélangeant bien entre chaque ajout. Ajoutez progressivement la farine et la levure avec le lait et mélangez juste assez pour incorporer la farine. Mettez dans un moule beurré de 25 cm de diamètre, lissez la surface et enfournez pendant 40 minutes environ. Une lame de couteau insérée au centre du gâteau doit ressortir sèche. Laissez tiédir le gâteau dans son moule puis démoulez-le sur une grille.

Bon à savoir : le beurre de cacahuètes… Ce terme à lui seul évoque si bien les États-Unis. Ce gâteau est étonnant et délicieux.

BROWNIES ET BLONDIES

•

BROWNIE AU CHOCOLAT / États-Unis

8 pers. **Préparation : 20 min Cuisson : 20 min**

• 180 g de beurre demi-sel • 200 g de chocolat • 180 g de sucre • 1 pincée de sel • 3 œufs plus 1 jaune • 85 g de farine • 1 cuil. à café rase de levure chimique

Réalisation

Préchauffez votre four à 180 °C (th. 6). Mettez le beurre et le chocolat coupés en morceaux dans un bol en verre. Posez ce bol sur une casserole d'eau frémissante afin de les faire fondre. Lorsque la moitié du chocolat est fondue, retirez le bol de la casserole et remuez jusqu'à ce que le mélange soit bien lisse. Ajoutez le sucre et le sel et mélangez bien. Ajoutez les œufs et le jaune un par un, en remuant bien à chaque ajout. Ajoutez la farine et la levure et mélangez. Versez dans un moule beurré et enfournez pendant 20 minutes environ. Le dessus doit être craquelé.

Bon à savoir : le brownie, gâteau à base de chocolat, est l'un des desserts américains les plus connus. Il y a autant de recettes de brownies que d'États aux États-Unis mais une seule chose est immuable : il se cuit dans un moule carré ou rectangulaire et se coupe en carrés. Aux États-Unis, il se mange volontiers accompagné de glace à la vanille ou de chantilly.

BROWNIE AUX DEUX NOIX / États-Unis

8 pers. **Préparation : 20 min Cuisson : 20 min**

• 200 g de beurre • 200 g de chocolat noir • 180 g de sucre • 1 pincée de sel • 4 œufs • 100 g de farine • 1 cuil. à café rase de levure chimique • 50 g de noix du Brésil coupées en morceaux • 50 g de noix de pécan coupées en morceaux

Réalisation

Préchauffez votre four à 180 °C (th. 6). Mettez le beurre et le chocolat noir coupés en morceaux dans un bol en verre. Posez ce bol sur une casserole d'eau frémissante afin de les faire fondre. Lorsque la moitié du chocolat est fondue, retirez le bol de la casserole et remuez jusqu'à ce que le mélange soit bien lisse. Ajoutez le sucre et le sel et mélangez bien. Ajoutez les œufs un par un, en remuant bien à chaque ajout. Ajoutez la farine, la levure et les noix coupées en morceaux et mélangez. Versez dans un moule beurré et enfournez pendant 20 minutes. Le dessus doit être craquelé.

BROWNIE AUX NOIX DE PÉCAN ET AU SIROP D'ÉRABLE / États-Unis

8 pers. **Préparation : 20 min Cuisson : 20 min**

• 200 g de chocolat • 180 g de beurre mou • 160 g de sucre • 1 cuil. à soupe de sirop d'érable • 4 œufs • 80 g de farine • 1 cuil. à café rase de levure chimique • 1 pincée de sel • 75 g de noix de pécan coupées en morceaux

Réalisation

Préchauffez votre four à 180 °C (th. 6). Mettez le chocolat coupé en morceaux dans un bol en verre. Posez ce bol sur une casserole d'eau frémissante afin de le faire fondre. Lorsque la moitié du chocolat est fondue, retirez le bol de la casserole et remuez jusqu'à ce que le mélange soit bien lisse. Dans un saladier, mélangez le beurre, le sucre et le sirop d'érable jusqu'à obtenir un mélange bien crémeux. Ajoutez les œufs un par un mélangeant bien entre chaque ajout. Ajoutez le chocolat fondu et mélangez. Ajoutez la farine, la levure, le sel et les morceaux de noix de pécan et mélangez. Versez dans un moule beurré et enfournez pendant 20 minutes. Le dessus doit être craquelé.

BROWNIE AUX TROIS CHOCOLATS
États-Unis

8 pers. **Préparation : 20 min Cuisson : 25 min**

• 200 g de beurre • 250 g de chocolat noir • 180 g de sucre • 1 pincée de sel • 4 œufs • 100 g de farine • 1 cuil. à café rase de levure chimique • 75 g de chocolat au lait • 75 g de chocolat blanc

Réalisation

Préchauffez votre four à 180 °C (th. 6). Coupez le chocolat au lait et le chocolat blanc en carrés puis chaque carré en deux. Mettez le beurre et le chocolat noir coupés en morceaux dans un bol en verre. Posez ce bol sur une casserole d'eau frémissante afin de les faire fondre. Lorsque la moitié du chocolat est fondue, retirez le bol de la casserole et remuez jusqu'à ce que le mélange soit bien lisse. Ajoutez le sucre et le sel et mélangez bien. Ajoutez les œufs un par un, en remuant bien à chaque ajout. Ajoutez la farine et la levure et mélangez. Ajoutez les morceaux de chocolat blanc et de chocolat au lait et mélangez. Versez dans un moule beurré et enfournez pendant 25 minutes. Le dessus doit être craquelé.

BLONDIE AU CHOCOLAT BLANC
États-Unis

8 pers. **Préparation : 20 min Cuisson : 15 min**

• 125 g de beurre • 180 g de sucre roux • 2 œufs • 175 g de farine • 1 pincée de sel • 1 cuil. à café de levure chimique • 75 g de chocolat blanc.

Réalisation

Préchauffez votre four à 180 °C (th. 6). Coupez le chocolat en morceaux puis chaque morceau en quatre et réservez. Faites fondre le beurre dans une grande casserole, à feu doux. Lorsque le beurre est fondu, retirez la casserole du feu, ajoutez le sucre et mélangez bien. Ajoutez les œufs un par un en mélangeant bien à chaque ajout. Ajoutez la farine, le sel, la levure chimique et les morceaux de chocolat et mélangez. Versez dans un moule beurré et enfournez pendant 15 minutes environ. Une lame de couteau insérée au centre du gâteau doit ressortir sèche.

Bon à savoir : pour ceux qui en ont assez du chocolat, il existe une alternative très agréable aux brownies : les blondies. Même texture et fondant que les brownies mais sans le chocolat. Les blondies sont traditionnellement coupés en rectangles et sont parfois appelées cookies bars.

BLONDIE AUX NOIX DU BRÉSIL / États-Unis

8 pers. **Préparation : 20 min Cuisson : 15 min**

• 125 g de beurre • 180 g de sucre roux • 2 œufs • 150 g de farine • 1 pincée de sel • 1 cuil. à café de levure chimique • 60 g de noix du Brésil

Réalisation

Préchauffez votre four à 180 °C (th. 6). Faites fondre le beurre dans une grande casserole, à feu doux. Lorsque le beurre est fondu, retirez la casserole du feu, ajoutez le sucre et mélangez bien.

Ajoutez les œufs un par un en mélangeant bien à chaque ajout. Ajoutez la farine, le sel, la levure chimique et les noix et mélangez. Versez dans un moule beurré et enfournez pendant 15 minutes environ. Une lame de couteau insérée au centre du gâteau doit ressortir sèche.

BLONDIE CAFÉ CHOCOLAT / États-Unis

8 pers. **Préparation : 20 min Cuisson : 15 min**

• 125 g de beurre • 180 g de sucre roux • 2 cuil. à café rases de café soluble • 2 œufs • 150 g de farine • 1 pincée de sel • 1 cuil. à café de levure chimique • 75 g de chocolat noir

Réalisation

Préchauffez votre four à 180 °C (th. 6). Coupez le chocolat en morceaux puis chaque morceau en quatre et réservez. Faites fondre le beurre dans une grande casserole, à feu doux. Lorsque le beurre est fondu, retirez la casserole du feu, ajoutez le sucre et mélangez bien. Diluez les 2 cuillerées de café soluble dans 1 cuillerée à soupe d'eau chaude et versez dans le mélange beurre-sucre. Ajoutez les œufs un par un en mélangeant bien à chaque ajout. Ajoutez la farine, le sel, la levure chimique et les morceaux de chocolat et mélangez. Versez dans un moule beurré et enfournez pendant 15 minutes environ. Une lame de couteau insérée au centre du gâteau doit ressortir sèche.

APPLE PIE / Grande-Bretagne

6 pers. **Préparation : 30 min Cuisson : 30 min**

Pâte brisée : 300 g de farine • 1 pincée de sel • 175g de beurre à température ambiante, coupé en morceaux • 1 œuf • un peu d'eau froide **Garniture** : 5 pommes • 25 g de sucre • 1 cuil. à café rase de cannelle en poudre • 1 noix de beurre **Décor** : un peu de sucre

Réalisation

Préchauffez votre four à 180 °C (th. 6). Préparez la pâte brisée : mettez la farine et la pincée de sel dans un saladier. Formez un puits et mettez-y le beurre à température ambiante et l'œuf battu. Incorporez la farine petit à petit vers le centre du saladier tout en malaxant légèrement l'ensemble avec vos doigts. Ajoutez éventuellement un peu d'eau froide, si la pâte est trop sèche. Dès que toute la farine est incorporée, formez une boule avec la pâte. Étalez la pâte sur une surface farinée, en deux disques de 29 cm de diamètre. Garnissez un moule à tarte de 26 cm de diamètre avec un disque de pâte. Piquez-la avec une fourchette, recouvrez-la de papier sulfurisé puis de haricots secs et enfournez-la pendant 10 minutes. Retirez

le papier et les haricots, puis poursuivez la cuisson pendant 5 minutes.
Pendant ce temps, pelez les pommes puis coupez-les en tranches moyennes. Faites chauffer la noix de beurre dans une poêle. Ajoutez les pommes, le sucre et la cannelle puis remuez pendant 5 minutes, à feu doux. Disposez les pommes sur la pâte cuite à blanc. Humectez légèrement les bords de la pâte puis posez le second disque de pâte sur les pommes. Faites entrer la pâte entre les pommes et le bord du premier disque de pâte. Scellez-les bords. Faites quelques trous dans la pâte avec la pointe d'un couteau afin que la vapeur puisse s'échapper pendant la cuisson. Saupoudrez d'un peu de sucre. Enfournez pendant 30 minutes environ, jusqu'à ce que le dessus soit bien doré. Servez tiède avec de la crème fraîche, de la custard ou de la glace à la vanille.

KEY LIME PIE (tarte au citron vert meringuée)
États-Unis

8 pers. **Préparation : 30 min Cuisson : 25 min pour la tarte**

Pâte brisée : 200 g de farine • 1 pincée de sel • 125 g de beurre à température ambiante coupé en morceaux • 1 œuf • un peu d'eau froide **Garniture :** 2 boîtes de lait concentré sucré (397 g chacune) • 3 jaunes d'œufs • 25 cl de jus de citron vert • le zeste de 2 citrons verts **Meringue :** 4 blancs d'œufs • 50 g de sucre glace

Réalisation

Préchauffez votre four à 180 °C (th. 6). Préparez la pâte brisée : mettez la farine et la pincée de sel dans un saladier. Formez un puits et mettez-y le beurre à température ambiante et l'œuf battu. Incorporez la farine petit à petit vers le centre du saladier tout en malaxant légèrement l'ensemble avec vos doigts. Ajoutez éventuellement un peu d'eau froide, si la pâte est trop sèche. Dès que toute la farine est incorporée, formez une boule avec la pâte. Étalez la pâte sur une surface farinée, et garnissez un moule à gâteau de 23 cm de diamètre. Piquez la pâte avec une fourchette, recouvrez-la de papier sulfurisé puis de haricots secs et enfournez-la pen-

dant 10 minutes. Retirez le papier et les haricots, puis poursuivez la cuisson pendant 5 minutes. Pendant ce temps, mélangez au fouet le lait concentré sucré, les jaunes d'œufs, le zeste de citron vert râpé et le jus de citron vert. Dans un autre bol, battez les blancs d'œufs en neige ferme en incorporant petit à petit le sucre glace.
Lorsque la pâte est cuite puis légèrement refroidie, versez la garniture au citron sur la pâte et étalez-la avec le dos d'une grande cuillère. Posez par dessus les blancs d'œufs montés en neige et égalisez la surface. Enfournez pendant 25 minutes, jusqu'à ce que la meringue soit bien dorée. Laissez refroidir à température ambiante et mettez au réfrigérateur pendant quelques heures.

Bon à savoir : cette tarte est une spécialité de Key West, en Floride. Elle est servie dans tous les restaurants et pâtisseries de la région. Elle vaut le détour, c'est un véritable délice.

BANOFFEE PIE / Grande-Bretagne

6 pers. **Préparation : 20 min Pas de cuisson**

• 150 g de gâteaux secs type spéculos • 75 g de beurre fondu • 1 pot de Dulce de leite (confiture de lait) • 3 bananes coupées en rondelles • 25 ml de crème fraîche liquide entière • 2 cuil. à soupe de sucre glace

Réalisation

Versez la crème liquide dans un bol en verre et entreposez au frais pendant au moins 1 heure. Coupez les gâteaux en morceaux et mettez-les dans le bol d'un robot mixeur. Actionnez votre robot jusqu'à l'obtention d'une chapelure. Ajoutez le beurre fondu et mélangez. Versez ce mélange dans le fond d'un moule de 23 cm de diamère et lissez la surface avec le dos d'une grande cuillère, en faisant légèrement remonter la préparation sur les bords. Réservez au frais pendant 1/2 heure. Battez la crème liquide en chantilly, avec un batteur électrique, en ajoutant le sucre glace à mi-parcours. Versez le pot de Dulce de leite sur le mélange gâteaux-beurre puis étalez avec le dos d'une grande cuillère. Disposez les rondelles de bananes sur la surface. Ajoutez la crème chantilly sur le dessus et lissez la surface. Réservez au frais pendant 1/2 heure puis dégustez.

Variante : vous pouvez réaliser cette tarte sur un fond de pâte brisée cuite à blanc.

Bon à savoir : contraction de banane et toffee (caramel, en anglais), ce dessert est très populaire en Grande-Bretagne.

PECAN PIE / États-Unis

6 pers. **Préparation : 30 min Cuisson : 35 min**

Pâte brisée : 200 g de farine • 1 pincée de sel • 125 g de beurre à température ambiante coupé en morceaux • 1 œuf • un peu d'eau froide **Garniture :** 225 g de noix de pécan • 50 g de beurre mou • 100 g de sucre roux • 10 cl de sirop d'érable • 3 cuil. à soupe de miel liquide • 3 œufs • 1 cuil. à soupe de crème fraîche épaisse

Réalisation

Préchauffez votre four à 200 °C (th. 6/7). Versez les noix de pécan dans une poêle chaude et faites-les griller 2 minutes. Versez-les dans un bol et réservez. Préparez la pâte brisée : mettez la farine et la pincée de sel dans un saladier. Formez un puits et mettez-y le beurre à température ambiante et l'œuf battu. Incorporez la farine petit à petit vers le centre du saladier tout en malaxant légèrement l'ensemble avec vos doigts. Ajoutez éventuellement un peu d'eau froide, si la pâte est trop sèche. Dès que toute la farine est entièrement incorporée, formez une boule avec la pâte. Étalez la pâte sur une surface farinée. Garnissez un moule à tarte de 26 cm de diamètre avec la pâte. Piquez-la avec une fourchette, recouvrez-la de papier sulfurisé puis de haricots secs et enfournez-la pendant 10 minutes. Retirez le papier et les haricots puis poursuivez la cuisson pendant 5 minutes.

Pendant ce temps, concassez grossièrement les noix de pécan en en gardant 40 pour le décor. Mélangez le beurre, le sucre, le sirop d'érable et le miel dans un saladier, jusqu'à l'obtention d'une consistance crémeuse. Ajoutez les œufs un par un en mélangeant bien entre chaque ajout. Ajoutez ensuite les noix de pécan concassées et la crème et remuez. Baissez votre four à 165 °C (th. 4). Versez le mélange sur le fond de tarte cuit à blanc, déposez les cerneaux de noix de pécan réservés et enfournez pendant 35 minutes environ. La crème doit être prise, le dessus de la tarte brun et la tarte légèrement gonflée.Laissez refroidir à température ambiante avant de la servir.

Bon à savoir : les noix de pécan et le sirop d'érable sont des ingrédients très courants aux États-Unis et au Canada et cette tarte leur rend honneur. Profitez de cette recette car les noix de pécan se trouvent aujourd'hui très facilement en France, tout comme le sirop d'érable.

BAKEWELL TART (tarte crème d'amandes et confiture de framboises) / Grande-Bretagne

6 pers. **Préparation : 30 min Cuisson : 30 min**

Pâte brisée : 200 g de farine •1 pincée de sel • 125 g de beurre à température ambiante coupé en morceaux • 1 œuf • un peu d'eau froide **Garniture :** 4 cuil. à soupe de confiture de framboises • 100 g de beurre mou • 80 g de sucre • 100 g de poudre d'amande • 3 œufs • 1 cerise confite pour le décor

Réalisation

Préchauffez votre four à 180 °C (th. 6). Préparez

la pâte brisée : mettez la farine et la pincée de sel dans un saladier. Formez un puits et mettez-y le beurre à température ambiante et l'œuf battu. Incorporez la farine petit à petit vers le centre du saladier tout en malaxant légèrement l'ensemble avec vos doigts. Ajoutez éventuellement un peu d'eau froide, si la pâte est trop sèche. Dès que toute la farine est incorporée, formez une boule avec la pâte. Étalez la pâte sur une surface farinée. Garnissez un moule à tarte de 26 cm de diamètre avec la pâte. Piquez-la avec une fourchette, recouvrez-la de papier sulfurisé puis de haricots secs et enfournez-la pendant 10 minutes. Retirez le papier et les haricots puis poursuivez la cuisson pendant 5 minutes.

Pendant ce temps, préparez la garniture. Mélangez le beurre mou, le sucre et la poudre d'amande. Ajoutez les œufs légèrement battus et mélangez bien.

Étalez la confiture de framboises sur le fond de pâte légèrement refroidi.

Posez la crème d'amandes sur la tarte, lissez la surface, mettez une cerise confite au milieu et faites cuire environ 30 minutes, jusqu'à ce que la tarte soit bien dorée.

Laissez refroidir à température ambiante avant de servir.

CHERRY PIE (tarte aux cerises) / États-Unis

6 pers. **Préparation : 30 min Cuisson : 40 min**

Pâte brisée : 300 g de farine • 1 pincée de sel • 175 g de beurre à température ambiante, coupé en morceaux • 1 œuf • un peu d'eau froide **Garniture :** 500 g de cerises griottes dénoyautées (surgelées ou fraîches) • 100 g de sucre • 30 g de Maïzena • 1/2 cuil. à café d'extrait d'amandes amères **Décor :** un peu de sucre

Réalisation

Faites décongeler les cerises selon les instructions du paquet. Préchauffez votre four à 180 °C (th. 6). Préparez la pâte brisée : mettez la farine et la pincée de sel dans un saladier. Formez un puits et mettez-y le beurre à température ambiante et l'œuf battu. Incorporez la farine petit à petit vers le centre du saladier tout en malaxant légèrement l'ensemble avec vos doigts. Ajoutez éventuellement un peu d'eau froide, si la pâte est trop sèche. Dès que toute la farine est incorporée, formez une boule avec la pâte. Étalez la moitié

de la pâte sur une surface farinée en un cercle de 29 cm de diamètre et garnissez-en un moule à tarte de 26 cm de diamètre. Piquez la pâte avec une fourchette, recouvrez-la de papier sulfurisé puis de haricots secs, et enfournez-la pendant 10 minutes. Retirez le papier et les haricots, puis poursuivez la cuisson pendant 5 minutes.
Pendant ce temps, étalez le restant de la pâte en un cercle de 27 cm puis entaillez la pâte tous les 1 cm et demi, en laissant un bord de 2 cm tout autour.
Mélangez les cerises avec le sucre, la Maïzena et l'extrait d'amandes amères et mettez-les sur la pâte précuite. Posez le second cercle de pâte délicatement sur les cerises et scellez bien les bords. Saupoudrez d'un peu de sucre et enfournez pendant 40 minutes.
Laissez refroidir à température ambiante avant de la servir.

Bon à savoir : cette tarte se fait avec des petites cerises acides. Si vous n'en trouvez pas, n'hésitez pas à utiliser des cerises griottes surgelées, elles donnent un très bon résultat.

PUMPKIN PIE (tarte au potiron) / États-Unis

6 pers. **Préparation : 45 min Cuisson : 45 min**

Pâte brisée : 200 g de farine • 1 pincée de sel • 125 g de beurre à température ambiante coupé en morceaux • 1 œuf • un peu d'eau froide **Garniture :** 1 kg de potiron pelé • 3 œufs • 20 cl de lait concentré non sucré • 150 g de sucre roux • 1 cuil. à café rase de cannelle • 1/2 cuil. à café rase de gingembre en poudre • 3 pincées de noix de muscade • 1 pointe de couteau d'un mélange quatre épices

Réalisation

Préchauffez le four à 200 °C (th. 6/7). Préparez la pâte brisée. Mettez la farine et la pincée de sel dans un saladier. Formez un puits et mettez-y le beurre à température ambiante et l'œuf battu. Incorporez la farine petit à petit vers le centre du saladier tout en malaxant légèrement l'ensemble avec vos doigts. Ajoutez éventuellement un peu d'eau froide, si la pâte est trop sèche. Dès que toute la farine est incorporée, formez une boule avec la pâte. Étalez la pâte sur une surface farinée. Garnissez un moule à gâteau de 23 cm de diamètre avec la pâte, recouvrez d'une feuille de papier sulfurisé, de quelques haricots secs et faites

cuire à blanc pendant 20 minutes.
Pendant ce temps, faites cuire la chair de votre potiron dans de l'eau bouillante, jusqu'à ce qu'elle soit tendre. Écrasez-la en purée puis mettez-la dans une passoire fine afin d'éliminer le maximum d'eau. Donnez des mouvements circulaires à votre passoire jusqu'à ce que la purée se détache bien des parois. Vous devez obtenir environ 400 g de purée. Réservez. Dans un grand saladier, battez légèrement les œufs avec le sucre. Ajoutez les épices puis la purée de potiron et mélangez. Ajoutez le lait concentré non sucré et mélangez. Versez ce mélange sur la pâte brisée cuite à blanc et enfournez à 180 °C (th. 6) pendant 15 minutes. Baissez la température à 165 °C et faites cuire encore 30 minutes.
Laissez la tarte refroidir à température ambiante puis mettez-la au frais avant de la servir. Vous pouvez éventuellement décorer cette tarte de cerneaux de noix de pécan que vous disposerez sur toute la surface avant la cuisson de la tarte.

Bon à savoir : cette tarte est présente sur toutes les tables des États-Unis lors de la célébration de Thanksgiving, le dernier jeudi de novembre, période qui correspond également à la grande saison des courges et des potirons. Elle est parfois décorée d'un morceau de pâte en forme de feuille d'érable. Les Américains utilisent de la purée de potiron nature qu'ils trouvent en boîte dans toutes les grandes surfaces. En France, il faudra passer par la cuisson du potiron.

TARTE AU CITRON MERINGUÉE
Grande-Bretagne

6 pers. **Préparation : 30 min Cuisson : 20 min**

Pâte brisée : 200 g de farine • 1 pincée de sel • 125 g de beurre à température ambiante coupé en morceaux • 1 œuf • un peu d'eau froide **Garniture :** 1/4 de litre d'eau tiède • 30 g de Maïzena • 15 cl de jus de citron • le zeste d'1 citron • 100 g de sucre • 1 pincée de sel • 50 g de beurre mou • 3 jaunes d'œufs battus **Meringue :** 3 blancs d'œufs • 100 g de sucre glace • 1 pincée de sel

Réalisation

Préchauffez votre four à 180 °C (th. 6). Préparez la pâte brisée. Mettez la farine et la pincée de sel dans un saladier. Formez un puits et mettez-y le beurre à température ambiante et l'œuf battu.

Incorporez la farine petit à petit vers le centre du saladier tout en malaxant légèrement l'ensemble avec vos doigts. Ajoutez éventuellement un peu d'eau froide, si la pâte est trop sèche. Dès que toute la farine est incorporée, formez une boule avec la pâte. Étalez la pâte sur une surface farinée. Garnissez un moule à tarte de 26 cm de diamètre avec la pâte. Piquez-la avec une fourchette, recouvrez-la de papier sulfurisé puis de haricots secs et enfournez-la pendant 10 minutes. Retirez le papier et les haricots puis poursuivez la cuisson pendant 5 minutes.

Pendant ce temps, mélangez l'eau tiède et la Maïzena dans une grande casserole jusqu'à ce que le mélange soit homogène. Ajoutez le reste des ingrédients et mélangez au fouet jusqu'à ce que la crème épaississe. Versez cette crème sur le fond de tarte refroidi. Baissez le four à 150 °C (th. 4). Préparez la meringue en battant les blancs en neige avec le sel et en ajoutant le sucre à mi-parcours. Versez les blancs en neige sur la crème au citron, lissez la surface et enfournez pendant 20 minutes environ, jusqu'à ce que le dessus soit bien doré. Laissez refroidir à température ambiante avant de servir.

•

NEW YORK CHEESECAKE / États-Unis

6 pers. **Préparation : 20 min Cuisson : 40 min**

• 250 g de gâteaux secs type Bastogne ou spéculos • 125 g de beurre fondu • 450 g de fromage frais type Saint-Moret • 100 g de crème fraîche épaisse • 125 g de sucre • 1 sachet de sucre vanillé • 2 œufs

Réalisation

Préchauffez votre four à 180 °C (th. 6). Coupez les gâteaux en morceaux puis broyez-les en miettes à l'aide d'un robot mixeur. Mélangez-les avec le beurre fondu puis mettez ce mélange dans le fond d'un moule de 21 cm de diamètre. Étalez avec le dos d'une grande cuillère, sans tasser, en faisant légèrement remonter les bords. Réservez au frais. Dans un grand bol, mélangez le fromage frais et la crème, afin de bien assouplir le fromage. Ajoutez le sucre, le sucre vanillé et mélangez. Ajoutez les œufs légèrement battus puis mélangez bien jusqu'à l'obtention d'une consistance crémeuse. Versez ce mélange dans le moule. Enfournez et laissez cuire pendant 40 minutes environ. La crème doit être prise mais encore très légèrement tremblotante au centre. Éteignez votre four et laissez reposer le cheesecake 1/2 heure dans le four éteint. Sortez-le puis laissez-le refroidir. Réservez au frais une demi-journée. Servez-le nature, avec un coulis de fruits rouges ou des fruits rouges entiers.

Bon à savoir : on retrouve les cheesecakes aussi bien en Grande-Bretagne qu'aux États-Unis. Le principe est toujours le même : une couche de biscuits écrasés (Digestive biscuits en Grande-Bretagne et Graham crackers aux États-Unis) recouverte d'un mélange de fromage frais et de crème. C'est un gâteau onctueux très agréable et qui a l'avantage de très bien se congeler. L'idéal est d'utiliser un moule à fond amovible ou bien de couper les parts directement dans le moule. Il existe deux méthodes pour réaliser les cheesecakes : la méthode avec cuisson et la méthode sans cuisson, qui nécessite d'utiliser de la gélatine.

CHEESECAKE AU CITRON / États-Unis

6 pers. **Préparation : 20 min Cuisson : 50 min**

• 250 g de spéculos • 125 g de beurre fondu • 450 g de fromage frais type Saint-Moret • 100 g de crème fraîche épaisse • 125 g de sucre • 2 œufs • le zeste de 2 citrons • le jus d'1 citron

Réalisation

Préchauffez votre four à 180 °C (th. 6). Coupez les gâteaux en morceaux puis broyez-les en miettes à l'aide d'un robot mixeur. Mélangez-les avec le beurre fondu puis mettez ce mélange dans le fond d'un moule de 21 cm de diamètre. Étalez avec le dos d'une grande cuillère, sans tasser, en faisant légèrement remonter les bords. Réservez au frais. Dans un grand bol, mélangez le fromage frais et la crème, afin de bien assouplir le fromage. Ajoutez le sucre et mélangez. Ajoutez les œufs légèrement battus puis mélangez bien jusqu'à l'obtention une consistance crémeuse. Ajoutez le jus de citron et le zeste rapé et mélangez. Versez ce mélange dans le moule. Déposez le moule dans un moule plus grand rempli d'eau, afin que l'eau arrive à mi-hauteur, et enfournez pendant 50 minutes environ. La crème doit être

prise mais encore très légèrement tremblotante au centre. Éteignez votre four, sortez le moule de son bain-marie et laissez reposer le cheesecake 1/2 heure dans le four éteint. Sortez-le puis laissez-le refroidir. Réservez au frais au moins une demi-journée avant de le servir.
Servez avec des zestes de citron pour décorer.

CHEESECAKE AU CHOCOLAT / États-Unis

6 pers. **Préparation : 25 min Cuisson : 1 h**

• 250 g de gâteaux secs type « Bastogne » ou spéculos • 125 g de beurre fondu • 20 cl de crème liquide • 200 g de chocolat noir • 600 g de fromage frais type Saint-Moret • 125 g de sucre • 4 œufs

Réalisation

Préchauffez votre four à 150 °C (th. 5). Coupez les gâteaux en morceaux puis broyez-les en miettes à l'aide d'un robot mixeur. Mélangez-les avec le beurre fondu puis mettez ce mélange dans le fond d'un moule de 23 cm de diamètre. Étalez avec le dos d'une grande cuillère, sans tasser, en faisant légèrement remonter les bords.

Réservez au frais. Faites bouillir la crème liquide dans une casserole, à feu doux. Retirez la casserole du feu et ajoutez le chocolat coupé en morceaux. Remuez jusqu'à ce que tout le chocolat soit fondu et réservez. Dans un grand bol, mélangez le fromage frais, afin de bien l'assouplir. Ajoutez le sucre et mélangez. Ajoutez les œufs légèrement battus et mélangez. Ajoutez le mélange chocolat-crème et mélangez à nouveau. Versez ce mélange dans le moule.
Déposez le moule dans un moule plus grand rempli d'eau, afin que l'eau arrive à mi-hauteur, et enfournez pendant 1 heure environ. La crème doit être prise mais encore très légèrement tremblotante au centre.
Éteignez votre four, sortez le moule de son bain-marie puis laissez reposer le cheesecake 1/2 heure dans le four éteint.
Sortez-le puis laissez-le refroidir. Réservez au frais au moins une demi-journée avant de le servir. Servez avec des copeaux de chocolat pour décorer.

Variante : vous pouvez remplacer le chocolat noir par du chocolat blanc. Dans ce cas, il faut diminuer la quantité de sucre.

CHEESECAKE AUX MYRTILLES / États-Unis

6 pers. **Préparation : 20 min Cuisson : 40 min**

• 250 g de gâteaux secs type Bastogne ou spéculos • 125 g de beurre fondu • 450 g de fromage frais type Saint-Moret • 100 g de crème fraîche épaisse • 125 g de sucre • 1 sachet de sucre vanillé • 2 œufs • 250 g de myrtilles (2 petites barquettes) • 1 cuil. à soupe de jus de citron

Réalisation

Préchauffez votre four à 180 °C (th. 6). Coupez les gâteaux en morceaux puis broyez-les en miettes à l'aide d'un robot mixeur. Mélangez-les avec le beurre fondu puis mettez ce mélange dans le fond d'un moule de 21 cm de diamètre. Étalez avec le dos d'une grande cuillère, sans tasser, en faisant légèrement remonter les bords. Réservez au frais. Dans un grand bol, mélangez le fromage frais et la crème, afin de bien assouplir le fromage. Ajoutez le sucre, le sucre vanillé et le citron et mélangez. Ajoutez les œufs légèrement battus puis mélangez bien jusqu'à l'obtention d'une consistance crémeuse. Versez la moitié de ce mélange dans le moule et lissez la surface. Disposez les myrtilles sur toute la surface puis versez le reste du mélange. Enfournez et laissez cuire pendant 40 minutes environ. La crème doit être prise mais encore très légèrement tremblotante au centre. Éteignez votre four et laissez reposer le cheesecake 1/2 heure dans le four éteint. Sortez-le puis laissez-le refroidir. Réservez au frais une demi-journée. Servez avec des myrtilles.

CHEESECAKE AU BAILEYS / États-Unis

6 pers. **Préparation : 20 min Cuisson : 40 min**

• 250 g de gâteaux secs type « Bastogne » ou spéculos • 125 g de beurre fondu • 450 g de fromage frais type Saint-Moret • 100 g de crème fraîche épaisse • 125 g de sucre roux • 3 cuil. à soupe de Baileys • 2 œufs • 2 cuil. à soupe de cacao non sucré pour le décor

Réalisation

Préchauffez votre four à 180 °C (th. 6). Coupez les gâteaux en morceaux puis broyez-les en miettes à l'aide d'un robot mixeur. Mélangez-les avec le beurre fondu puis mettez ce mélange dans le fond d'un moule de 21 cm de diamètre. Étalez avec le dos d'une grande cuillère, sans tasser, en faisant légèrement remonter les bords. Réservez au frais. Dans un grand bol, mélangez le fromage frais, la crème fraîche et le Baileys, afin de bien assouplir le fromage. Ajoutez le sucre roux et mélangez. Ajoutez les œufs légèrement battus puis mélangez bien jusqu'à l'obtention d'une consistance crémeuse. Versez ce mélange dans le moule, sur le mélange gâteaux. Enfournez et laissez cuire pendant 40 minutes environ. La crème doit être prise mais encore très légèrement tremblotante au centre. Éteignez votre four et laissez reposer le cheesecake 1/2 heure dans le four éteint. Sortez-le puis laissez-le refroidir. Réservez au frais une demi-journée. Pour servir, démoulez le cheesecake et coupez-le en tranches. Mettez le cacao en poudre dans une passoire et tamisez au dessus de chaque tranche de cheesecake.

CHEESECAKE À LA RICOTTA / États-Unis

6 pers. **Préparation : 20 min Cuisson : 1 h**

• 250 g de spéculos • 125 g de beurre fondu • 500 g de ricotta • 100 g de crème fraîche épaisse • 125 g de sucre • 1 gousse de vanille • le zeste râpé d'1 citron • 3 œufs séparés

Réalisation

Préchauffez votre four à 180 °C (th. 6). Coupez les gâteaux en morceaux puis broyez-les en miettes à l'aide d'un robot mixeur. Mélangez-les avec le beurre fondu puis mettez ce mélange dans le fond d'un moule de 21 cm de diamètre. Étalez avec le dos d'une grande cuillère, sans tasser, en faisant légèrement remonter les bords. Réservez au frais. Dans un grand bol, mélangez la ricotta, la crème fraîche, le sucre, les graines de la gousse de vanille, le zeste de citron et les jaunes d'œufs. Battez les blancs d'œufs en neige et incorporez-les au mélange précédent. Versez ce mélange dans le moule, sur le mélange gâteaux-beurre.

Enfournez et laissez cuire pendant 1 heure environ. La crème doit être prise sur les côtés mais encore tremblotante au centre. Éteignez le four et laissez reposer 1 heure dans le four éteint. Sortez-le du four puis laissez refroidir. Réservez au frais une demi-journée.

Bon à savoir : cette version de cheesecake est plus légère que les autres en raison de l'utilisation de la ricotta et de blancs d'œufs battus.

CHEESECAKE SANS CUISSON À LA CONFITURE DE LAIT

États-Unis et Grande-Bretagne

8 pers. **Préparation : 30 min Pas de cuisson**

• 250 g de gâteaux secs type « Bastogne » ou spéculos • 125 g de beurre fondu • 25 cl de crème liquide entière • 3 feuilles de gélatine • 2 œufs. les graines d'1 gousse de vanille • 50 g de sucre • 3 cuil. à soupe de confiture de lait • 250 g de mascarpone • confiture de lait pour la décoration.

Réalisation

Coupez les gâteaux en morceaux puis broyez-les en miettes à l'aide d'un robot mixeur. Mélangez-les avec le beurre fondu puis mettez ce mélange dans le fond d'un moule à fond amovible de 23 cm de diamètre. Étalez avec le dos d'une grande cuillère, en tassant et en faisant légèrement remonter les bords. Réservez au frais. Préparez la crème chantilly en battant 20 cl de crème liquide très froide dans un bol en verre que vous aurez mis au congélateur pendant une demi-heure. Mettez les 5 cl de crème restante dans une petite casserole et réservez. Mettez la crème chantilly au frais. Faites tremper les feuilles de gélatine dans de l'eau froide pour les ramollir.

Séparez les blancs des jaunes et battez les blancs en neige ferme. Mélangez les jaunes avec la vanille, le sucre et la confiture de lait. Ajoutez le mascarpone et mélangez bien pour assouplir le fromage. Faites chauffer la crème liquide restante. Dès le début de l'ébullition, retirez la casserole du feu et ajoutez les feuilles de gélatine bien essorées. Remuez jusqu'à ce que la gélatine soit bien dissoute. Laissez tiédir, ajoutez au mélange précédent et remuez bien. Ajoutez la chantilly et incorporez-la délicatement. Incorporez alors les blancs d'œufs battus en neige. Versez dans le moule, sur le mélange gâteaux-beurre, et mettez au frais pendant au moins une demi-journée. Pour servir : coupez en tranches et décorez avec de la confiture de lait.

CHEESECAKE SANS CUISSON AU CITRON
États-Unis et Grande-Bretagne

8 pers. **Préparation : 25 min Pas de cuisson**

• 250 g de gâteaux secs type « Bastogne » ou spéculos • 125 g de beurre fondu • 3 feuilles de gélatine • 2 œufs. 75 g de sucre • le jus et le zeste d'un gros citron • 450 g de fromage frais type Saint-Moret • 20 cl de crème fraîche épaisse • lemon curd pour décorer

Réalisation

Coupez les gâteaux en morceaux puis broyez-les en miettes à l'aide d'un robot mixeur. Mélangez-les avec le beurre fondu puis mettez ce mélange dans le fond d'un moule à fond amovible de 23 cm de diamètre. Étalez avec le dos d'une grande cuillère, en tassant et en faisant légèrement remonter les bords. Réservez au frais. Faites tremper les feuilles de gélatine dans de l'eau froide pour les ramollir. Séparez les blancs des jaunes et battez les blancs en neige ferme.

Mélangez les jaunes avec le sucre et le zeste. Ajoutez le fromage frais et mélangez bien pour assouplir le fromage. Ajoutez la crème et mélangez. Faites chauffer le jus de citron et ajoutez-y les feuilles de gélatine bien essorées. Remuez jusqu'à ce que la gélatine soit bien dissoute. Laissez tiédir, ajoutez au mélange précédent et remuez bien. Incorporez alors délicatement les blancs d'œufs battus en neige. Versez dans le moule, sur le mélange gâteaux-beurre, et mettez au frais pendant au moins une demi-journée.

Pour servir : coupez en tranches et décorez éventuellement avec un peu de lemon curd.

LES SCONES SUCRÉS ET SALÉS

•

SCONES NATURES / Grande-Bretagne

12 scones **Préparation : 20 min Cuisson : 10 min**

• 225 g de farine à levure incorporée • 1 cuil. à café rase de levure chimique • 25 g de sucre • 1 pincée de sel • 75 g de beurre mou • 5 cl de lait • 1 œuf battu • 1 autre œuf battu avec 1 cuil. à café de lait pour dorer les scones

Réalisation

Préchauffez votre four à 200 °C (th. 6/7). Dans un saladier, mélangez la farine, la levure, le sel et le sucre. Ajoutez le beurre mou puis remuez du bout des doigts pour l'incorporer. La pâte doit ressembler à une chapelure grossière. Ajoutez l'œuf battu, la moitié du lait puis remuez jusqu'à l'obtention d'une boule. La pâte doit être souple sans être collante. Si elle est trop sèche, ajoutez progressivement le restant du lait. Étalez cette pâte sur une surface farinée, sur une épaisseur de 1,5 cm. À l'aide d'un emporte-pièce ou d'un verre, coupez d'un coup sec des cercles de 5 cm de diamètre. Reformez une boule de pâte avec les chutes, étalez-la et coupez-la en d'autres cercles. Retournez les cercles et mettez-les sur une plaque de cuisson.

Dorez-les avec le deuxième œuf battu avec le lait. Enfournez et laissez cuire pendant 12 minutes environ, jusqu'à ce qu'ils soient gonflés et blonds. Les scones se dégustent tièdes, coupés en deux dans le sens de l'épaisseur et accompagnés classiquement de confiture de fraises et de crème fraîche. Ils sont bien meilleurs dégustés le jour même.

Bon à savoir : la Grande-Bretagne ne serait plus elle même sans ses salons de thé (*tea shops*). Dans ces endroits cosy, vous pourrez lire un journal, commander une tasse de thé, ou encore mieux un cream tea. Le cream tea consiste en une tasse de thé servie avec un scone coupé en deux et accompagné de confiture de fraises et de clotted cream. La clotted cream étant la première couche de crème qui apparaît à la surface du lait lors du processus de transformation du lait en crème.

SCONES AUX RAISINS SECS
Grande-Bretagne

12 scones **Préparation : 20 min Cuisson : 10 min**

• 225 g de farine à levure incorporée • 1 cuil. à café rase de levure chimique • 25 g de sucre • 1 pincée de sel • 75 g de beurre mou • 50 g de raisins secs • 5 cl de lait • 1 œuf battu • 1 autre œuf battu avec 1 cuil. à café de lait pour dorer les scones

Réalisation

Préchauffez votre four à 200 °C (th. 6/7). Dans un saladier, mélangez la farine, la levure, le sel et le sucre. Ajoutez le beurre mou puis remuez du bout des doigts pour l'incorporer. La pâte doit ressembler à une chapelure grossière. Ajoutez les raisins secs, l'œuf battu, la moitié du lait puis remuez jusqu'à l'obtention d'une boule. La pâte doit être souple sans être collante. Si elle est trop sèche, ajoutez progressivement le restant du lait. Étalez cette pâte sur une surface farinée, sur une épaisseur de 1,5 cm. À l'aide d'un emporte-pièce ou d'un verre, coupez d'un coup sec des cercles de 5 cm de diamètre. Reformez une boule de pâte avec les chutes, étalez-la et coupez-la en d'autres cercles. Retournez les cercles et mettez-les sur une plaque de cuisson. Dorez-les avec le deuxième œuf battu avec le lait. Enfournez et laissez cuire pendant 12 minutes environ, jusqu'à ce que les scones soient gonflés et blonds.

SCONES AUX ÉCORCES D'ORANGES
Grande-Bretagne

12 scones **Préparation : 20 min Cuisson : 10 min**

• 225 g de farine à levure incorporée • 1 cuil. à café rase de levure chimique • 25 g de sucre • 1 pincée de sel • 75 g de beurre mou • 50 g d'écorces d'oranges coupées en tout petits morceaux • 5 cl de lait • 1 œuf battu • 1 autre œuf battu avec 1 cuil. à café de lait pour dorer les scones

Réalisation

Préchauffez votre four à 200 °C (th. 6/7). Dans un saladier, mélangez la farine, la levure, le sel et le sucre. Ajoutez le beurre mou puis remuez du bout des doigts pour l'incorporer. La pâte doit ressembler à une chapelure grossière. Ajoutez les morceaux d'écorces d'oranges, l'œuf battu, la moitié du lait puis remuez avec vos mains, jusqu'à l'obtention d'une boule. La pâte doit être souple sans être collante. Si elle est trop sèche, ajoutez le restant du lait, petit à petit. Étalez cette pâte sur une surface farinée, sur une épaisseur de 1,5 cm. À l'aide d'un emporte-pièce ou d'un verre, coupez d'un coup sec des cercles de 5 cm de diamètre. Reformez une boule de pâte avec les chutes, étalez-la et coupez-la en d'autres cercles. Retournez les cercles et mettez-les sur une plaque de cuisson. Dorez-les avec le deuxième œuf battu avec le lait. Enfournez et laissez cuire pendant 12 minutes environ, jusqu'à ce qu'ils soient gonflés et blonds.

MINISCONES SALÉS AUX ÉPICES

Grande-Bretagne

18 miniscones **Préparation : 20 min Cuisson : 12 min**

• 275 g de farine à levure incorporée • 1 cuil. à café rase de levure chimique • 1/2 cuil. à café rase de sel • 1 cuil. à café rase de curry en poudre • 125 g de beurre mou • 2 pincées d'éclats de piments séchés •4 cuil. à soupe de coriandre fraîche ciselée • 1 cuil. à soupe de gingembre frais haché • 1 œuf battu • 5 cl de lait • 1 autre œuf battu avec 1 cuil. à café de lait pour dorer les scones • 4 cuil. à café de graines de pavot pour le décor

Réalisation

Préchauffez votre four à 200 °C (th. 6/7). Dans un saladier, mélangez la farine, la levure, le sel et le curry. Ajoutez le beurre mou puis remuez du bout des doigts pour l'incorporer. La pâte doit ressembler à une chapelure grossière. Ajoutez le gingembre, les éclats de piment, la coriandre, l'œuf, la moitié du lait puis remuez avec vos mains, jusqu'à l'obtention d'une boule. La pâte doit être souple sans être collante. Si elle est trop sèche, ajoutez le restant du lait, petit à petit. Étalez cette pâte sur une surface farinée, sur une épaisseur de 1,5 cm. À l'aide d'un emporte-pièce ou d'un verre, coupez d'un coup sec des cercles de 3 cm de diamètre. Reformez une boule de pâte avec les chutes, étalez-la et coupez-la en d'autres cercles. Retournez les cercles et mettez-les sur une plaque de cuisson. Dorez-les avec le deuxième œuf battu avec le lait. Saupoudrez de graines de pavot puis enfournez et laissez cuire pendant 12 minutes environ, jusqu'à ce qu'ils soient gonflés et blonds. À déguster tièdes, coupés en deux et accompagnés d'une confiture d'oignons ou d'un chutney de poires. Les scones sont bien meilleurs dégustés le jour même.

•

LEMON DRIZZLE CAKE (Cake glacé au citron)
Grande-Bretagne

8 pers. **Préparation : 15 min Cuisson : 30 min**

• 100 g de beurre mou • 150 g de sucre • 175 g de farine à levure incorporée • 1 cuil. à café de levure chimique • 2 œufs • le zeste d'1 citron• 4. cuil. à soupe de lait
Glaçage : le jus d'1 citron • 100 g de sucre

Réalisation

Préchauffez le four à 180 °C (th. 6). Versez tous les ingrédients du gâteau dans un grand bol et mélangez bien, de préférence avec un batteur électrique, pendant environ 2 minutes. Versez ce mélange dans un moule à cake beurré puis lissez la surface à l'aide d'une spatule. Enfournez pendant 30 minutes environ. Une lame de couteau insérée au centre du cake doit ressortir sèche. Pendant la cuisson, mélangez le jus de citron et le sucre et réservez. Dès la sortie du four, piquez la surface du gâteau avec une fourchette, et versez le jus de citron sucré sur la surface du gâteau, à l'aide d'une grande cuillère. Laissez refroidir 15 minutes puis démoulez sur une grille.

Bon à savoir : il existe un répertoire impressionnant de cakes en Grande-Bretagne. Ils sont mangés dans le courant de la matinée ou dans l'après-midi, toujours avec une tasse de thé. Ils sont le plus souvent cuits dans des moules ronds. Vous pouvez les conserver plusieurs jours et certains se bonifient même avec le temps.

DUNDEE CAKE / Écosse

8 pers. **Préparation : 25 min Cuisson : 45 min**

• 125 g de beurre mou • 125 g de sucre roux • 4 oeufs • 200 g de farine • 2 cuil. à café rases de levure chimique • 1 pincée de sel • 2 cuil. à soupe de lait • 25 g d'amandes en poudre • 175 g de raisins secs • 175 g de raisins blonds • 100 g d'écorces d'oranges amères • 1 cuil. à café rase d'un mélange quatre épices • le zeste d'1 orange • le zeste d'1 citron • 50 g d'amandes entières pour le décor

Réalisation

Préchauffez votre four à 170 °C (th. 5/6). Mettez le beurre mou et le sucre dans un grand saladier et mélangez bien jusqu'à l'obtention d'une consistance crémeuse. Ajoutez les œufs un par un en mélangeant bien entre chaque ajout. Ajoutez

ensuite la farine, la levure, le sel et les épices et mélangez. Si vous avez des difficultés à mélanger, ajoutez 2 cuillerées à soupe de lait. Ajoutez la poudre d'amandes, les raisins, les écorces hachées et les zestes râpés puis mélangez bien.
Mettez dans un moule beurré de 23 cm de diamètre et enfournez. Au bout de 15 minutes, ajoutez les amandes entières sur la surface et baissez la température du four à 150 °C (th. 5) et continuez la cuisson. Une lame insérée au centre du gâteau doit ressortir sèche.
Laissez refroidir avant de démouler.
Ce gâteau se conserve facilement plus d'une semaine.

Bon à savoir : le dundee cake est un cake écossais aux raisins secs. On le reconnaît facilement grâce à la présence d'amandes entières sur le pourtour du gâteau.

ECCLES CAKES (petits feuilletés aux fruits secs) Grande-Bretagne

16 eccles cakes **Préparation : 20 min Cuisson : 15 min**

• 1 rouleau de pâte feuilletée déjà étalée • 50 g de beurre • 50 g de sucre roux • 125 g de raisins secs • 50 g d'écorces d'oranges coupées en dés • 1 pointe de couteau de mélange quatre épices • 1 pointe de couteau de cannelle

Décor : un peu de lait, un peu de sucre

Réalisation

Préchauffez votre four à 200 °C (th. 6/7). Faites fondre le beurre et le sucre roux à feu moyen dans une casserole. Mélangez bien et retirez du feu. Ajoutez les fruits secs et les écorces, mélangez et laissez tiédir. Déroulez la pâte feuilletée, étalez-la légèrement pour l'affiner, et coupez 16 ronds de 9 cm de diamètre. Mettez 1 cuillerée à café de mélange aux fruits secs au centre de chaque rond de pâte, humectez les bords, puis repliez chaque côté vers l'intérieur en scellant bien l'ensemble avec un peu d'eau. Retournez le paquet obtenu et étalez-le en forme de cercle, à l'aide d'un rouleau, jusqu'à ce que les raisins commencent à percer la pâte. Faites 3 incisions au milieu à l'aide d'un couteau. Procédez ainsi pour chaque cercle de pâte puis placez-les sur une plaque de cuisson. Badigeonnez toute la surface avec un peu de lait et saupoudrez de sucre. Enfournez les eccles cakes et laissez-les cuire pendant 15 minutes, jusqu'à ce qu'ils soient bien dorés.

Bon à savoir : ces petits feuilletés, même s'ils n'ont rien à voir avec un cake, sont parfaits à grignoter avec une tasse de thé. Ils sont souvent vendus dans les *tea shops* (salons de thé).

CAKE AUX FRUITS CONFITS
Grande-Bretagne

6 pers. **Préparation : 20 min Cuisson : 1 h**

• 100 g de raisins secs • 100 g de raisins blonds • 50 g d'écorces d'oranges amères coupées en dés • 50 g de cerises confites coupées en quatre • 2 cuil. à soupe de cognac • 175 g de beurre mou • 150 g de sucre roux • 1 cuil. à soupe de miel liquide • 3 œufs • 225 g de farine à levure incorporée • 1 pincée de sel • 1 pointe de couteau d'un mélange quatre-épices

Réalisation

Mettez les raisins, les écorces d'oranges et les cerises dans un bol avec le cognac. Mélangez et laisser reposer une heure.

Préchauffez votre four à 170 °C (th. 4).

Beurrez un moule à cake et mettez-le au frais.

Mettez le beurre mou, le sucre roux et le miel dans un grand saladier et mélangez bien. Ajoutez les œufs légèrement battus et mélangez. Ajoutez ensuite la farine, le sel, le quatre-épices et mélangez. Ajoutez les raisins, les écorces d'oranges et les cerises, puis mélangez bien. Versez dans un moule à cake beurré et enfournez pendant 1 heure environ. Au bout de 15 minutes, baissez la température à 150 °C et continuez la cuisson. Le cake est cuit lorsqu'une lame de couteau insérée au centre du gâteau ressort sèche.

Laissez refroidir puis démoulez sur une grille.

Ce gâteau se conserve facilement plus d'une semaine, dans une boîte hermétique.

CAKE AUX ABRICOTS SECS, RAISINS ET FIGUES / Grande-Bretagne

6 pers. **Préparation : 20 min Cuisson : 35 min**

• 100 g de beurre mou • 100 g de sucre roux • 3 œufs • 175 g de farine à levure incorporée • 1 pincée de sel • 100 g d'abricots secs coupés en dés • 75 g de raisins secs • 100 g de figues séchées coupées en dés

Réalisation

Préchauffez votre four à 170 °C (th. 4). Mettez le beurre mou et le sucre dans un grand saladier et mélangez bien jusqu'à l'obtention d'une consistance crémeuse. Ajoutez les œufs un par un en mélangeant bien entre chaque ajout. Ajoutez ensuite la farine et le sel et mélangez. Ajoutez les fruits secs et mélangez bien. Mettez dans un moule beurré de 21 cm de diamètre et enfournez pendant 35 minutes environ. Une lame de couteau insérée au centre du gâteau doit ressortir sèche.
Laissez tiédir le gâteau dans son moule puis démoulez-le sur une grille.

CAKE BANANE NOIX / États-Unis

6 pers. **Préparation : 20 min Cuisson : 45 min**

• 100 g de beurre mou • 100 g de sucre roux • 1 sachet de sucre vanillé • 2 œufs battus • 3 bananes mûres écrasées (400 g sans la peau) • 225 g de farine à levure incorporée • 100 g de cerneaux de noix de pécan ou de noix

Réalisation

Préchauffez votre four à 180 °C (th. 6). Dans un grand saladier, mélangez le beurre mou, le sucre et le sucre vanillé, jusqu'à ce que le mélange soit crémeux. Ajoutez les œufs battus et mélangez. Ajoutez les bananes écrasées et mélangez. Versez la farine et mélangez bien. Ajoutez les cerneaux de noix coupés en deux, et mélangez à nouveau. Versez dans un moule à cake beurré et enfournez pendant 45 minutes environ. Une lame de couteau insérée au centre du gâteau doit ressortir sèche. Laissez tiédir le gâteau puis démoulez-le sur une grille.

Variante : vous pouvez remplacer les noix par 100 g de chocolat noir.

SHORTBREADS (sablés écossais) / Écosse

40 sablés **Préparation : 20 min Cuisson : 10 min par fournée**

• 150 g de farine • 50 g de sucre roux • 100 g de beurre demi-sel mou • 2 cuil. à soupe de lait • 1 cuil. à soupe bombée de sucre roux pour le décor

Réalisation

Préchauffez votre four à 160 °C (th. 5/6). Mélangez la farine et le sucre dans un grand saladier. Ajoutez le beurre ramolli et coupé en petits cubes. Incorporez-le du bout des doigts. Ajoutez le lait puis malaxez l'ensemble jusqu'à l'obtention d'une boule de pâte souple. Étalez cette pâte sur une surface farinée sur une épaisseur d'environ 5 mm. Coupez des ronds de 5 cm de diamètre à l'aide d'un verre ou d'un emporte-pièce. Reformez une boule de pâte avec les chutes, étalez-la et coupez-la en d'autres cercles. Posez ces ronds de pâte sur une plaque de cuisson. Piquez chaque sablé de trois coups de fourchette puis saupoudrez-les de sucre roux. Enfournez-les pendant 10 minutes, les sablés doivent être blonds. Faites-les refroidir sur une grille.

Ces sablés se conservent deux jours dans une boîte en fer blanc.

Bon à savoir : l'Écosse n'est pas seulement célèbre pour ses lacs et ses grandes étendues vertes, elle l'est également pour ses sablés au délicieux goût de beurre. La version la plus connue est un grand sablé rond prédécoupé en 8 parts. Les shortbreads existent également en version rectangulaire ou en version individuelle ronde, comme dans les recettes de ce livre.

SHORTBREADS AU CITRON ET GRAINES DE PAVOT / Écosse

40 sablés **Préparation : 20 min Cuisson : 10 min par fournée**

• 150 g de farine • 50 g de sucre roux • le zeste râpé d'1 citron • 1 cuil. à soupe rase de graines de pavot • 100 g de beurre demi-sel à température ambiante • 1 cuil. à café de jus de citron • 2 cuil. à soupe de lait • 1 cuil. à soupe bombée de sucre roux pour le décor

Réalisation

Préchauffez votre four à 160 °C (th. 5/6). Mélangez

la farine, le sucre, le zeste de citron et les graines de pavot dans un grand saladier. Ajoutez le beurre ramolli et coupé en petits cubes. Incorporez-le du bout des doigts. Ajoutez le lait et le jus de citron puis malaxez jusqu'à l'obtention d'une boule de pâte souple.
Étalez cette pâte sur une surface farinée sur une épaisseur d'environ 5 mm. Coupez des ronds de 5 cm de diamètre à l'aide d'un verre ou d'un emporte-pièce.
Reformez une boule de pâte avec les chutes, étalez-la et coupez-la en d'autres cercles. Posez ces ronds de pâte sur une plaque de cuisson.
Piquez chaque sablé de trois coups de fourchette puis saupoudrez-les de sucre roux. Enfournez-les pendant 10 minutes, les sablés doivent être blonds. Faites-les refroidir sur une grille.

Bon à savoir : ces sablés se conservent deux jours dans une boîte en fer blanc.

SHORTBREAD AUX NOISETTES / Écosse

40 sablés **Préparation : 20 min Cuisson : 10 min par fournée**

• 125 g de farine • 50 g de noisettes en poudre • 50 g de sucre roux • 100 g de beurre demi-sel à température ambiante • 2 cuil. à soupe de lait • 1 cuil. à soupe bombée de sucre roux pour le décor

Réalisation

Préchauffez votre four à 160 °C (th. 5/6). Mélangez la farine, les noisettes en poudre et le sucre dans un grand saladier. Ajoutez le beurre ramolli et coupé en petits cubes. Incorporez-le du bout des doigts. Ajoutez le lait, puis malaxez jusqu'à l'obtention d'une boule de pâte souple. Étalez cette pâte sur une surface farinée sur une épaisseur d'environ 5 mm. Coupez des ronds de 5 cm de diamètre à l'aide d'un verre ou d'un emporte-pièce. Reformez une boule de pâte avec les chutes, étalez-la et coupez-la en d'autres cercles. Posez ces ronds de pâte sur une plaque allant au four. Piquez chaque sablé de trois coups de fourchette puis saupoudrez-les de sucre roux. Enfournez-les pendant 10 minutes, les sablés doivent être blonds. Faites-les refroidir sur une grille. Ces sablés se conservent deux jours dans une boîte en fer blanc.

COOKIES AU CHOCOLAT BLANC ET NOIX DE PÉCAN / États-Unis

18 cookies **Préparation : 20 min Cuisson : 10 min par fournée**

• 125 g de beurre demi-sel mou • 50 g de sucre en poudre • 50 g de sucre roux • 1 cuil. à café d'extrait de vanille • 1 œuf • 175 g de farine • 1 cuil. à café rase de levure chimique • 1 pincée de sel • 100 g de chocolat blanc • 50 g de noix de pécan

Réalisation

Préchauffez votre four à 180 °C (th. 6). Coupez le chocolat blanc en petits morceaux, à l'aide d'un couteau aiguisé. Coupez les noix de pécan en petits morceaux. Dans un saladier, mélangez le beurre et les sucres jusqu'à ce que le mélange soit bien crémeux. Ajoutez l'œuf et la vanille, puis mélangez. Ajoutez la farine, la levure, le sel, les morceaux de chocolat et de noix de pécan, puis remuez jusqu'à l'obtention d'une pâte souple.

Disposez 6 tas de pâte de la taille d'une noix sur une plaque de cuisson, en les espaçant bien. Enfournez et laissez cuire pendant 10 minutes environ. Les cookies doivent être blonds mais encore très souples. Laissez-les refroidir 2 minutes pour les raffermir un peu, puis déposez-les sur une grille pour les refroidir. Faites cuire le restant de pâte de la même manière. Les cookies se conservent deux jours dans une boîte en fer blanc.

Bon à savoir : croquants à l'extérieur et moelleux à l'intérieur, les cookies sont aussi bien appréciés par les enfants que par les adultes. Ils sont très simples et très rapides à faire.

COOKIES AU CHOCOLAT NOIR / États-Unis

18 cookies **Préparation : 20 min Cuisson : 10 min par fournée**

• 125 g de beurre demi-sel mou • 50 g de sucre en poudre • 75 g de sucre roux • 1 cuil. à café d'extrait de vanille • 1 œuf • 175 g de farine • 1 cuil. à café rase de levure chimique • 1 pincée de sel • 100 g de chocolat noir

Réalisation

Préchauffez votre four à 180 °C (th. 6). Coupez le chocolat noir en petits morceaux, à l'aide d'un couteau aiguisé. Dans un saladier, mélangez le beurre et les sucres jusqu'à ce que le mélange soit bien crémeux. Ajoutez l'œuf et la vanille, puis mélangez. Ajoutez la farine, la levure, le sel et les morceaux de chocolat puis remuez jusqu'à l'obtention d'une pâte souple. Disposez 6 tas de pâte de la taille d'une noix sur une plaque de cuisson, en les espaçant bien. Enfournez et laissez cuire pendant 10 minutes environ. Les cookies doivent être blonds, mais encore très souples. Laissez-les refroidir 2 minutes pour les raffermir un peu, puis déposez-les sur une grille pour les refroidir. Faites cuire le restant de pâte de la même manière. Ces cookies se conservent deux jours dans une boîte en fer blanc.

COOKIES AU BEURRE DE CACAHUÈTES
États-Unis

20 cookies **Préparation : 15 min Cuisson : 10 min par fournée**

• 100 g de beurre mou • 100 g de beurre de cacahuètes • 75 g de sucre roux • 75 g de sucre • 1 œuf • 150 g de farine • 1 cuil. à café rase de levure chimique • 75 g de cacahuètes salées concassées

Réalisation

Préchauffez votre four à 180 °C (th. 6). Dans un

saladier mélangez le beurre et les sucres, jusqu'à ce que le mélange soit bien crémeux. Ajoutez l'œuf puis mélangez. Ajoutez le beurre de cacahuètes puis mélangez. Ajoutez alors la farine, la levure et les cacahuètes concassées, puis remuez jusqu'à l'obtention d'une pâte souple. Disposez 7 tas de pâte de la taille d'une noix sur une plaque de cuisson, en les espaçant bien. Enfournez et laissez cuire pendant 10 minutes environ. Les cookies doivent être blonds, mais encore très souples. Laissez-les refroidir 2 minutes pour les raffermir un peu, puis déposez-les sur une grille pour les refroidir. Faites cuire le restant de pâte de la même manière. Ces cookies se conservent deux jours dans une boîte en fer blanc.

COOKIES AUX FLOCONS D'AVOINE ET AUX ABRICOTS SECS / États-Unis

30 cookies **Préparation : 20 min Cuisson : 10 min par fournée**

• 125 g de beurre mou • 50 g de sucre roux • 50 g de sucre • 1 œuf • 1 cuil. à café d'extrait de vanille • 150 g de farine • 1 cuil. à café rase de levure chimique • 1 pincée de sel • 100 g de flocons d'avoine • 10 cl de lait • 100 g d'abricots secs

Réalisation

Préchauffez votre four à 180 °C (th. 6). Mettez les abricots secs dans le bol d'un mixeur et mixez-les jusqu'à l'obtention d'un hachis. Dans un saladier, mélangez le beurre et les sucres jusqu'à ce que le mélange soit bien crémeux. Ajoutez l'œuf puis mélangez. Ajoutez le hachis d'abricots et mélangez. Ajoutez la farine, la levure, le sel et remuez. Ajoutez les flocons d'avoine, l'extrait de vanille et le lait, puis remuez jusqu'à l'obtention d'une pâte souple. Formez des boules de la taille d'une noix, roulez-les entre vos mains, aplatissez-les légèrement puis déposez-les sur une plaque de cuisson.

Enfournez et laissez cuire pendant 10 minutes environ, jusqu'à ce que les cookies soient dorés mais encore souples. Laissez-les refroidir 2 minutes puis mettez-les sur une grille pour les refroidir. Faites cuire le restant de pâte de la même manière.

Ces cookies se conservent deux jours dans une boîte en fer blanc.

COOKIES AU MUESLI ET AUX DATTES
États-Unis

30 cookies **Préparation : 20 min Cuisson : 10 min par fournée**

• 125 g de beurre mou • 50 g de sucre roux • 50 g de sucre • 1 œuf • 150 g de farine • 1 cuil. à café rase de levure chimique • 100 g de muesli • 10 cl de lait • 80 g de dattes coupées en petits dés

Réalisation
Préchauffez votre four à 180 °C (th. 6). Dans un saladier, mélangez le beurre et les sucres jusqu'à ce que le mélange soit bien crémeux. Ajoutez l'œuf puis mélangez. Ajoutez la farine et la levure et remuez. Ajoutez les dattes coupées en dés, la lait et le muesli puis remuez jusqu'à l'obtention d'une pâte souple. Formez des boules de la taille d'une noix, roulez-les entre vos mains, aplatissez-les légèrement puis déposez-les sur une plaque de cuisson. Enfournez et laissez cuire pendant 10 minutes environ, jusqu'à ce que les cookies soient dorés mais encore souples. Laissez-les refroidir 2 minutes puis mettez-les sur une grille. Faites cuire le restant de pâte de la même manière. Ces cookies se conservent deux jours dans une boîte en fer blanc.

MUFFINS CHOCOLAT ET NOIX DE PÉCAN

États-Unis

12 muffins **Préparation : 15 min Cuisson : 25 min**

• 300 g de farine • 1 sachet de levure chimique (11 g) • 125 g de sucre en poudre • 1 pincée de sel • 2 cuil. à soupe de cacao en poudre non sucré • 150 g de chocolat noir coupé en petits morceaux à l'aide d'un couteau • 50 g de cerneaux de noix de pécan coupés en deux • 25 cl de lait entier • 2 œufs • 75 g de beurre fondu

Réalisation

Préchauffez votre four à 180 °C (th. 6). Beurrez vos moules à muffins ou mettez des caissettes en papier. Dans un grand saladier, versez la farine, le cacao, la levure, le sucre, la pincée de sel, les morceaux de chocolat et les noix. Dans un bol, mélangez le lait, les œufs et le beurre fondu. Versez ce mélange liquide sur le mélange sec et mélangez juste assez pour incorporer la farine. Versez dans les moules à muffins à l'aide d'une grande cuillère et enfournez pendant 25 minutes. Laissez refroidir, démoulez et laissez à nouveau refroidir sur une grille.

Bon à savoir : le muffin est un gâteau individuel aux formes rondes arrondies cuit dans des caissettes en papier. Il est le compagnon idéal d'un goûter ou d'un brunch. Il est très facile et très rapide à faire. Pour le réussir, un seul petit secret : résistez à la tentation d'avoir une pâte bien homogène. Lorsque vous ajoutez les éléments liquides aux éléments secs, remuez juste assez pour incorporer la farine. La pâte doit être pleine de grumeaux. Plutôt que d'utiliser des pépites de chocolat, utilisez votre chocolat préféré et coupez-le vous même en morceaux à l'aide d'un couteau aiguisé.

MUFFINS CHOCOLAT BLANC ET PÉPITES DE NOUGATINE / États-Unis

12 muffins **Préparation : 15 min Cuisson : 25 min**

• 300 g de farine • 1 sachet de levure chimique (11 g) • 100 g de sucre en poudre • 1 pincée de sel • 150 g de chocolat blanc • 75 g de pépites de nougatine • 25 cl de lait entier • 2 œufs • 75 g de beurre fondu

Réalisation

Préchauffez votre four à 180 °C (th. 6). Beurrez vos moules à muffins ou mettez des caissettes en papier. Coupez le chocolat blanc en petits morceaux, à l'aide d'un couteau aiguisé. Dans un grand saladier, versez la farine, la levure, le sucre, la pincée de sel, les morceaux de chocolat et les pépites de nougatine. Dans un bol, mélangez le lait, les œufs et le beurre fondu. Versez ce mélange liquide sur le mélange sec et mélangez juste assez pour incorporer la farine. Versez dans les moules à muffins à l'aide d'une grande cuillère et enfournez pendant 25 minutes. Laissez refroidir, démoulez et laissez à nouveau refroidir sur une grille.

MUFFINS CAROTTE CANNELLE / États-Unis

15 muffins **Préparation : 20 min Cuisson : 25 min**

• 300 g de farine • 1 sachet de levure chimique (11 g) • 1 pincée de sel • 1 cuil. à café de cannelle • 75 g de sucre roux • 50 g de sucre en poudre • 2 œufs • 75 g de beurre fondu • 25 cl de lait entier • 200 g de carottes râpées

Réalisation

Préchauffez votre four à 200 °C (th. 6/7). Beurrez vos moules à muffins ou mettez des caissettes en papier. Lavez puis pelez les carottes. Dans un grand saladier, versez la farine, la levure, les sucres, la pincée de sel et la cannelle. Dans un bol, mélangez le lait, les œufs et le beurre fondu. Versez ce mélange liquide sur le mélange sec. Ajoutez les carottes râpées, puis mélangez l'ensemble, juste assez pour incorporer la farine. Versez dans les moules à muffins à l'aide d'une grande cuillère et enfournez pendant 25 minutes. Laissez refroidir, démoulez et laissez à nouveau refroidir sur une grille.

MUFFINS BANANE NOIX / États-Unis

9 muffins **Préparation : 15 min Cuisson : 25 min**

• 250 g de farine • 3 cuil. à café rases de levure chimique • 100 g de sucre en poudre • 1 pincée de sel • 1 cuil. à café rase de cannelle • 50 g de cerneaux de noix coupés en quatre • 2 bananes écrasées • 125 ml de lait entier • 2 œufs • 75 g de beurre fondu

Réalisation

Préchauffez votre four à 200 °C (th. 6/7). Beurrez vos moules à muffins ou mettez des caissettes en papier. Dans un grand saladier, versez la farine, la levure, le sucre, la pincée de sel, la cannelle et les noix. Dans un bol, mélangez le lait, les œufs et le beurre fondu. Versez ce mélange liquide sur le mélange sec. Ajoutez les bananes écrasées et mélangez juste assez pour incorporer la farine. Versez dans les moules à muffins à l'aide d'une grande cuillère et enfournez pendant 25 minutes. Laissez refroidir, démoulez et laissez à nouveau refroidir sur une grille.

MUFFINS AUX ABRICOTS / États-Unis

9 muffins **Préparation : 20 min Cuisson : 25 min**

• 200 g de farine • 3 cuil. à café rases de levure chimique • 50 g d'amandes en poudre • 100 g de sucre en poudre • 1 pincée de sel • 30 g d'amandes effilées • 150 g d'abricots secs coupés en six • 125 ml de lait entier • 2 œufs • 75 g de beurre fondu

Réalisation

Préchauffez votre four à 200 °C (th. 6/7). Beurrez vos moules à muffins ou mettez des caissettes en papier. Dans un grand saladier, versez la farine, la levure, la poudre d'amandes, le sucre, la pincée de sel et les abricots secs en morceaux. Dans un bol, mélangez le lait, les œufs et le beurre fondu. Versez ce mélange liquide sur le mélange sec et mélangez juste assez pour incorporer la farine. Versez la pâte dans les moules à muffins. Mettez les amandes effilées sur le dessus de chaque muffin et enfournez pendant 25 minutes. Laissez refroidir, démoulez et laissez à nouveau refroidir sur une grille.

MUFFINS AUX MYRTILLES / États-Unis

9 muffins **Préparation : 15 min Cuisson : 25 min**

• 250 g de farine • 3 cuil. à café rases de levure chimique • 100 g de sucre en poudre • 3 pincées de sel • 25 cl de lait entier • 1 œuf • 75 g de beurre fondu • 100 g de myrtilles

Réalisation

Préchauffez votre four à 200 °C (th. 6/7). Beurrez vos moules à muffins ou mettez des caissettes en papier. Dans un grand saladier, versez la farine, la levure, le sucre et la pincée de sel. Dans un bol, mélangez le lait, l'œuf et le beurre fondu. Ajoutez ce mélange liquide au mélange sec, juste assez pour incorporer la farine. Ajoutez les myrtilles et mélangez très légèrement. Versez dans les moules à muffins et enfournez pendant 25 minutes. Laissez refroidir, démoulez et laissez à nouveau refroidir sur une grille.

CRUMBLE POMME MÛRE / Grande-Bretagne

6 pers. **Préparation : 30 min Cuisson : 30 min**

Pâte à crumble : 175 g de farine • 100 g de beurre • 100 g de sucre **Garniture :** 900 g de pommes • 250 g de mûres • 100 g de sucre • 1 noix de beurre • 1 cuil. à soupe d'eau

Réalisation

Préchauffez le four à 200 °C (th. 6/7). Mélangez la farine et le sucre dans un grand bol. Ajoutez le beurre froid coupé en petits morceaux et mélangez du bout des doigts, assez rapidement, pour incorporer le beurre. Le mélange doit être sableux. Réservez au frais. Pelez les pommes puis coupez-les en tranches moyennes. Faites fondre la noix de beurre dans une poêle. Ajoutez les pommes, l'eau et le sucre puis couvrez. Laissez mijoter jusqu'à ce qu'elles soient tendres, soit environ pendant 10 minutes. Retirez la poêle du feu, ajoutez les mûres et mélangez délicatement. Mettez les fruits dans un plat allant au four puis parsemez la surface du mélange crumble, sans tasser. Enfournez pendant 30 minutes environ, jusqu'à ce que le dessus soit bien doré. Servez tiède avec de la crème fraîche, de la glace à la vanille ou de la custard tiède.

Bon à savoir : si les crumbles sont devenus incontournables dans les restaurants français ces dernières années, ils sont à l'origine un dessert familial et traditionnel que l'on mange depuis des décennies, aussi bien en Grande-Bretagne qu'aux États-Unis. Le cobbler, nettement moins connu, est très répandu aux États-Unis. C'est un dessert à base de fruits recouverts d'une pâte proche de celle des scones. Lors de la cuisson, le jus des fruits imbibe la couche de gâteau pour former un dessert très agréable.

CRUMBLE POIRE CHOCOLAT
Grande-Bretagne

6 pers. **Préparation : 20 min Cuisson : 20 à 30 min**

Pâte à crumble : 125 g de farine • 75 g de poudre d'amandes • 100 g de beurre • 100 g de sucre roux **Garniture :** 6 poires • 15 cl d'eau • 150 g de sucre • 50 g de chocolat noir

Réalisation

Préchauffez le four à 200 °C (th. 6/7). Mélangez la farine, la poudre d'amandes et le sucre roux dans un grand bol. Ajoutez le beurre froid coupé en petits morceaux et mélangez du bout des doigts, assez rapidement, pour incorporer le beurre. Le mélange doit être sableux. Réservez au frais. Pelez les poires, coupez-les en deux et retirez le cœur et le filament qui part du cœur vers la queue. Faites chauffer le sucre et l'eau dans une casserole et mettez-y les poires dès que le sucre est dissous. Laissez frémir pendant 15 minutes.

Égouttez les poires, coupez-les en cubes et mettez-les dans un plat allant au four. Ajoutez le chocolat coupé en dés sur les poires, puis parsemez la surface du mélange crumble, sans tasser. Enfournez pendant 20 à 30 minutes environ, jusqu'à ce que le dessus soit bien doré.

CRUMBLE AUX FRUITS ROUGES
Grande-Bretagne

6 pers. **Préparation : 25 min Cuisson : 25 min**

Pâte à crumble : 150 g de farine • 50 g de flocons d'avoine • 50 g de noix de pécan coupées en petits morceaux • 100 g de beurre • 100 g de sucre roux **Garniture :** 850 g de fruits rouges mélangés (framboises, mûres et groseilles) • 80 g de sucre

Réalisation

Préchauffez le four à 200 °C (th. 6/7). Mettez les fruits rouges dans un bol. Ajoutez le sucre, mélangez et laissez reposer. Mélangez la farine, les flocons d'avoine et le sucre roux dans un grand bol. Ajoutez le beurre froid coupé en petits morceaux et mélangez du bout des doigts, assez rapidement, pour incorporer le beurre. Le mélange doit être sableux. Mettez les fruits rouges dans un plat allant au four puis parsemez la surface du mélange crumble, sans tasser. Ajoutez les morceaux de noix de pécan sur le dessus et enfournez pendant 25 minutes environ, jusqu'à ce que le dessus soit bien doré. Servez tiède avec de la crème fraîche, de la glace à la vanille ou de la custard tiède.

CRUMBLE POMMES RHUBARBE
Grande-Bretagne

6 pers. **Préparation : 25 min Cuisson : 20 à 30 min**

Pâte à crumble : 125 g de farine • 75 g de poudre d'amandes • 100 g de beurre • 100 g de sucre roux **Garniture :** 3 pommes (450 g au total) • 450 g de rhubarbe • 80 g de sucre roux • 1 noix de beurre • 1 cuil. à soupe d'eau

Réalisation

Préchauffez le four à 200 °C (th. 6/7). Mélangez la farine, la poudre d'amandes et le sucre roux dans un grand bol. Ajoutez le beurre froid coupé en petits morceaux et mélangez du bout des doigts, assez rapidement, pour incorporer le beurre. Le mélange doit être sableux. Réservez au frais. Pelez les pommes puis coupez-les en cubes. Pelez, lavez les tronçons de rhubarbe puis coupez-les en morceaux de la taille des cubes de pommes. Faites fondre la noix de beurre dans une grande poêle. Mettez la rhubarbe, l'eau et le sucre, puis couvrez. Laissez mijoter pendant 5 minutes. Ajoutez les cubes de pommes, couvrez et laissez mijoter encore pendant 5 minutes. La rhubarbe doit être tendre mais encore en morceaux.

Mettez les fruits dans un plat allant au four puis parsemez la surface du mélange crumble, sans tasser. Enfournez pendant 20 à 30 minutes environ, jusqu'à ce que le dessus soit bien doré.
Servez tiède avec de la crème fraîche, de la glace à la vanille ou de la custard tiède.

CRUMBLE AUX POMMES ET AUX AIRELLES / Grande-Bretagne

6 pers. **Préparation : 25 min Cuisson : 25 min**

Pâte à crumble : 125 g de farine • 75 g de poudre d'amandes • 100 g de sucre roux • 100 g de beurre **Garniture :** 5 pommes (environ 750 g) • 100 g d'airelles surgelées • 1 noix de beurre • 2 cuil. à soupe d'eau • 2 pointes de couteau d'un mélange quatre-épices

Réalisation

Préchauffez le four à 200 °C (th. 6/7). Mélangez la farine, la poudre d'amandes et le sucre roux dans un grand bol. Ajoutez le beurre froid coupé en petits morceaux et mélangez du bout des doigts, assez rapidement, pour incorporer le beurre. Le mélange doit être sableux. Réservez au frais. Pelez les pommes puis coupez-les en cubes. Faites fondre la noix de beurre dans une grande poêle. Ajoutez les cubes de pommes, les airelles, l'eau et les épices et remuez. Couvrez et laissez mijoter pendant 10 minutes, jusqu'à ce que les pommes soient tendres. Mettez les fruits dans un plat allant au four puis parsemez la surface du mélange crumble, sans tasser. Enfournez pendant 20 à 30 minutes environ, jusqu'à ce que le dessus soit bien doré. Servez tiède avec de la crème fraîche, de la glace à la vanille ou de la custard tiède.

COBBLER AUX POMMES, MÛRES ET PIGNONS DE PIN / États-Unis

4 pers. **Préparation : 25 min Cuisson : 30 min**

• 5 pommes • 1 noix de beurre • 1 cuil. à soupe d'eau • 30 g de sucre • 1 cuil. à café rase de cannelle en poudre • 125 g de mûres
Pâte à cobbler : 225 g de farine à levure incorporée • 80 g de beurre • 50 g de sucre • 1 œuf battu • 10 cl de lait • 50 g de pignons de pin

Réalisation

Préchauffez le four à 200 °C (th. 6/7). Pelez les pommes puis coupez-les en tranches. Faites fondre la noix de beurre dans une poêle. Ajoutez les pommes, l'eau, le sucre et la cannelle puis couvrez. Laissez mijoter jusqu'à ce que les pommes soient tendres, soit environ pendant 10 minutes. Retirez du feu, ajoutez les mûres et remuez délicatement. Pendant la cuisson des pommes, préparez la pâte à cobbler en incorporant avec vos doigts le beurre à la farine, jusqu'à ce que le mélange soit sableux. Ajoutez le sucre et mélangez. Ajoutez l'œuf battu et le lait et mélangez juste assez jusqu'à l'obtention d'une pâte souple et encore collante. Mettez les pommes et les mûres dans un plat allant au four puis recouvrez de grosses cuillères à soupe du mélange cobbler, en laissant des espaces. Ajoutez les pignons de pin sur le dessus et enfournez pendant 30 minutes environ, jusqu'à ce que le dessus soit bien doré. Le cobbler se mange tiède.

COBBLER AUX PRUNES ET AUX AMANDES
États-Unis

6 pers. **Préparation : 25 min Cuisson : 30 min**

• 1 kg de prunes • 2 cuil. à soupe de vinaigre balsamique • 25 g de sucre • 1 pointe de couteau d'un mélange quatre-épices
Pâte à cobbler : 225 g de farine à levure incorporée • 80 g de beurre • 50 g de sucre • 1 œuf battu • 10 cl de lait • 50 g d'amandes entières légèrement concassées

Réalisation
Préchauffez le four à 200 °C (th. 6/7). Lavez les prunes et coupez-les en deux pour les dénoyauter. Faites chauffez le vinaigre balsamique, le sucre et les épices dans une sauteuse et ajoutez les prunes dès que le sucre est dissous. Remuez et laissez mijoter 5 minutes.
Pendant ce temps, préparez la pâte à cobbler en incorporant avec vos doigts le beurre à la farine, jusqu'à ce que le mélange soit sableux.
Ajoutez le sucre et mélangez. Ajoutez l'œuf battu et le lait et mélangez juste assez jusqu'à l'obtention d'une pâte souple et encore collante.
Mettez les prunes dans un plat allant au four puis recouvrez de grosses cuillères à soupe du

mélange cobbler, en laissant des espaces. Ajoutez les amandes légèrement concassées et enfournez pendant 30 minutes environ, jusqu'à ce que le dessus soit bien doré. Le cobbler se déguste tiède.

LES TRIFLES

•

TRIFLE AUX PÊCHES / Grande-Bretagne

4 pers. **Préparation : 20 min Pas de cuisson**

• 20 cl de crème fraîche liquide • 50 g de macarons aux amandes (amaretti) • 3 pêches • 50 cl de custard • 5 cl de vin de muscat • 4 macarons émiettés pour le décor

Réalisation

Préparez la crème chantilly en battant la crème liquide très froide dans un bol en verre que vous aurez mis au congélateur pendant 1/2 heure. Réservez la crème chantilly au frais. Dans un bol en verre, mettez une couche de macarons en les faisant remonter sur le côté, et arrosez avec le muscat, à l'aide d'une cuillère à soupe. Ajoutez les pêches pelées et coupées en tranches, en réservant une pêche pour le décor. Recouvrez avec la custard froide, en démarrant par les côtés. Ajoutez la crème chantilly, les tranches de pêches et les miettes de macarons. Couvrez d'un film alimentaire et réservez au frais pendant 2 heures afin que les saveurs se mélangent.

Bon à savoir : s'il y a bien un dessert impossible

à traduire en français, c'est celui-ci. Le trifle est typiquement britannique. En Grande-Bretagne, il est considéré comme un dessert de fête et la majorité des Britanniques ont des souvenirs émus de trifles faits par leur mère ou leur grand-mère. Le principe du trifle est simple : une couche de boudoirs ou de petits macarons italiens imbibés d'alcool doux (comme le muscat ou le sherry), une couche de fruits ou de confiture, une couche de custard (crème anglaise), et enfin une couche de crème fouettée.

En décoration, des fruits, des copeaux de chocolat ou des miettes de macarons. Ce dessert est traditionnellement servi dans une coupe en verre à pied, afin que les différentes couches et la variété des couleurs soient bien visibles.

Le trifle se prépare quelques heures avant d'être dégusté.

N'hésitez pas non plus à le préparer en portions individuelles dans de jolis verres.

TRIFLE AUX FRAMBOISES
Grande-Bretagne

4 pers. **Préparation : 15 min Pas de cuisson**

• 20 cl de crème liquide • 6 biscuits de Reims ou boudoirs • 250 g de framboises • 50 cl de custard • 5 cl de vin de muscat • 1 cuil. à soupe de confiture de framboises

Réalisation

Préparez la crème chantilly en battant la crème liquide très froide dans un bol en verre que vous aurez mis au congélateur pendant 1/2 heure. Réservez la crème chantilly au frais. Dans un bol en verre, mettez une couche de biscuits, ajoutez 1 cuillerée à soupe de confiture de framboises en l'étalant sur les biscuits. Arrosez avec le muscat, à l'aide d'une cuillère à soupe. Ajoutez les framboises en en réservant quelques-unes pour le décor. Recouvrez avec la custard froide, en démarrant par les côtés. Ajoutez la crème chantilly et décorez avec quelques framboises. Couvrez d'un film alimentaire et réservez au frais pendant 2 heures afin que les saveurs se mélangent.

TRIFLE AU CHOCOLAT / Grande-Bretagne

4 pers. **Préparation : 20 min Pas de cuisson**

• 25 cl de crème liquide pour la chantilly • 6 biscuits de Reims ou boudoirs • 25 cerises au kirsch, dont 5 pour le décor • 25 cl de Custard • 5 cl d'un mélange eau et kirsch • 15 cl de crème liquide • 100 g de chocolat • 2 rangées de chocolat non séparées pour le décor

Réalisation

Préparez la crème chantilly en battant la crème liquide très froide dans un bol en verre que vous aurez mis au congélateur pendant 1/2 heure. Réservez la crème chantilly au frais. Mettez les 15 cl de crème liquide dans une casserole et faites-la bouillir à feu doux. Dès les premiers bouillonnements, retirez la casserole du feu et ajoutez le chocolat coupé en morceaux. Remuez jusqu'à ce que le chocolat soit fondu et le mélange bien lisse. Laissez refroidir 5 minutes puis ajoutez ce mélange à la custard en mélangeant bien. Dans un bol en verre, mettez une couche de biscuits de Reims et arrosez avec le kirsch, à l'aide d'une cuillère à soupe. Ajoutez les cerises au kirsch et recouvrez avec la crème au chocolat en démarrant par les côtés. Ajoutez la crème chantilly et décorez avec des copeaux de chocolat, faits à l'aide d'un couteau économe, et le reste des cerises. Couvrez d'un film alimentaire et réservez au frais pendant 2 heures afin que les saveurs se mélangent.

TRIFLE BANANE LEMON CURD
Grande-Bretagne

4 pers. **Préparation : 15 min Pas de cuisson**

- 20 cl de crème liquide • 6 biscuits de Reims ou boudoirs
- 3 bananes • 1 cuil. à soupe de jus de citron • 25 cl de custard
- 5 cl de vin de muscat • 1 pot de lemon curd

Réalisation

Préparez la crème chantilly en battant la crème liquide très froide dans un bol en verre que vous aurez mis au congélateur pendant 1/2 heure. Réservez la crème chantilly au frais. Dans un bol en verre, mettez une couche de biscuits et arrosez avec le muscat, à l'aide d'une cuillère à soupe. Parsemez la surface avec 3 cuillerées à soupe de lemon curd. Pelez et coupez les bananes en rondelles puis mélangez-les avec 1 cuillerée à soupe de jus de citron. Mettez les bananes dans le bol en

verre en réservant quelques rondelles pour le décor. Étalez 3 cuillerées à soupe de lemon curd sur les bananes.
Recouvrez avec la custard froide, en démarrant par les côtés. Ajoutez la crème chantilly et décorez avec quelques rondelles de bananes et de la lemon curd.
Couvrez d'un film alimentaire et réservez au frais pendant 2 heures afin que les saveurs se mélangent.

BREAD AND BUTTER PUDDING À LA MARMELADE D'ORANGES

Grande-Bretagne

4 pers. **Préparation : 20 min Cuisson : 40 min**

• 10 tranches de pain de mie anglais • 25 g de beurre à température ambiante • 5 cuil. à café bombées de marmelade d'oranges amères • 75 g de sucre roux • 3 œufs battus • 25 cl de lait • 25 cl de crème liquide • 1 pointe de couteau d'un mélange quatre-épices

Réalisation

Préchauffez votre four à 180 °C (th. 5). Beurrez les tranches de pain, étalez de la marmelade sur 5 tranches de pain et formez 5 sandwichs, retirez la croûte et coupez chaque sandwich en 4 triangles. Mettez-les dans un plat à gratin beurré, pointes au dessus. Mélangez les œufs battus avec 50 g de sucre roux, le lait, la crème et les épices, et versez ce mélange sur le pain. Laissez reposer 30 minutes, saupoudrez avec le restant de sucre et enfournez pendant 35 à 40 minutes, jusqu'à ce que la crème soit prise et que l'ensemble soit bien doré et croustillant.

Ce pudding se mange tiède.

Bon à savoir : le terme pudding en anglais n'a pas la même signification qu'en français. Il s'agit d'un dessert qui n'est ni un gâteau ni une tarte. Ils sont servis froids ou chauds, selon le type de pudding. À l'exception des bread and butter puddings, ils sont très souvent servis à la fin d'un déjeuner de famille le dimanche.

BREAD AND BUTTER PUDDING AUX RAISINS SECS / Grande-Bretagne

4 pers. **Préparation : 20 min Cuisson : 40 min**

• 10 tranches de pain de mie anglais • 25 g de beurre à température ambiante • 75 g de sucre roux • 75 g de raisins secs • 1 cuil. à soupe de rhum • 3 œufs battus • 1/4 de litre de lait • 25 cl de crème fraîche liquide

Réalisation

Préchauffez votre four à 180 °C (th. 5). Mettez les raisins secs dans un bol avec le rhum et réservez. Beurrez les tranches de pain, retirez la croûte et coupez chaque tranche en 4 triangles. Mettez la moitié du pain dans le fond d'un plat à gratin beurré et disposez les raisins sur toute la surface,

puis recouvrez de la seconde moitié du pain.
Mélangez les œufs battus avec 50 g de sucre roux, le lait et la crème et versez ce mélange sur le pain. Laissez reposer 30 minutes, saupoudrez avec le restant de sucre et enfournez pendant 35 à 40 minutes, jusqu'à ce que la crème soit prise et l'ensemble soit bien doré et croustillant.
Ce pudding se mange tiède.

SUMMER PUDDING / Grande-Bretagne

4 pers. **Préparation : 25 min Cuisson 3 à 4 min**

• 500 g de framboises • 250 g de groseilles • 125 g de mûres • 3 cuil. à soupe de sucre • 3 cuil. à soupe d'eau • 15 tranches de pain de mie

Réalisation

Lavez les groseilles et les mûres. Retirez les tiges des groseilles. Faites chauffer dans une sauteuse l'eau et le sucre, à feu doux. Dès que le sucre est dissous, ajoutez les fruits et mélangez. Continuez à chauffer les fruits, jusqu'à ce qu'ils donnent du jus, soit 3 à 4 minutes. Goûtez, ajoutez éventuellement plus de sucre et réservez. Retirez la croûte des tranches de pain de mie et tapissez le fond du moule avec le pain, en ne laissant aucun interstice. Coupez les autres tranches en deux et tapissez tout le tour du moule, en ne laissant aucun interstice. Coupez éventuellement des morceaux plus petits pour les espaces libres. Réservez 6 cuillerées à soupe du jus des fruits. Mettez les fruits et le reste du jus dans le moule presque jusqu'au bord. Recouvrez avec des tranches de pain de mie. Imbibez le dessus du pain avec 2 cuillerées à soupe du jus réservé. Posez une petite assiette dont le diamètre est légèrement inférieur à celui du moule sur la surface, appuyez légèrement et posez un poids sur l'assiette, comme des boîtes. Mettez au réfrigérateur jusqu'au lendemain, avec le reste du jus. De temps en temps, retirez les poids et appuyer légèrement sur l'assiette pour tasser le pudding. Démoulez en retournant le récipient sur une assiette. Arrosez éventuellement avec le reste du jus si certains morceaux de pain sont blancs. Dégustez avec de la crème fraîche ou de la glace à la vanille.

Bon à savoir : le summer pudding est le dessert classique de l'été lorsque les étals regorgent de fruits rouges. Il ressemble à une charlotte faite à base de pain de mie et c'est un dessert relativement léger puisqu'il ne contient ni crème ni beurre. Il a une jolie couleur rose et voir les fruits rouges s'échapper lorsque vous coupez ce dessert est presque magique.

MINI CHRISTMAS PUDDING
Grande-Bretagne

10 puddings **Préparation : 40 min. Cuisson : 1 h 30**

• 100 g de raisins blonds • 100 g de raisins secs • 50 g de figues séchées • 50 g d'abricots secs • 50 g d'écorces d'oranges amères • le zeste et le jus d'1 orange • 15 cl de cognac • 100 g de beurre mou • 2 cuil. à soupe de miel • 50 g de sucre roux • 2 œufs • 90 g de farine • 1 cuil. à café de levure chimique • 180 g de chapelure fraîche faite avec du pain de mie sans la croûte • 50 g d'amandes concassées • 1 pomme pelée et coupée en petits dés • 1 cuil. à café rase d'un mélange quatre-épices • 1 cuil. à café rase de gingembre en poudre • 1 pincée de sel

Réalisation

La veille, coupez les figues, les abricots secs et les écorces d'oranges en petits dés. Mettez-les dans un bol avec les raisins secs, le zeste et le jus de l'orange et le cognac. Mélangez, couvrez et laissez reposer une nuit. Le lendemain, préchauffez votre four à 180 °C (th. 6). Mixez la moitié des fruits dans le bol d'un robot de type mixeur et réservez. Dans un grand bol, mélangez le beurre mou, le miel et le sucre, jusqu'à l'obtention d'une consistance mousseuse. Ajoutez les œufs un par un et mélangez bien. Ajoutez la farine, la chapelure fraîche, la pincée de sel et les épices, et mélangez. Ajoutez les dés de pommes, les amandes concassées, la purée de fruits, les fruits séchés et mélangez bien. Versez dans des petits ramequins beurrés. Coupez 20 carrés de papier d'aluminium et posez 2 carrés, l'un sur l'autre, sur chaque ramequin. Mettez un élastique autour. Mettez les ramequins dans un plat allant au four et versez de l'eau bouillante jusqu'à mi-hauteur. Faites cuire pendant 1 heure 30. Ces puddings se conservent 1 mois dans un endroit sec et frais. Dans ce cas, retirez le papier d'aluminium, remplacez-le par du papier sulfurisé et fermez bien avec un élastique. Au moment de servir, faites chauffer les puddings 1/2 heure au four préchauffé à 180 °C (th. 6). Servez avec de la custard tiède, du brandy butter ou de la glace à la vanille.

Bon à savoir : le Christmas pudding est une sorte de mythe en France et nous ne savons pas toujours ce qui tient de la réalité ou de la légende. Il est aujourd'hui encore fabriqué par un grand nombre de Britanniques. Il se cuisine quelques mois avant Noël, et au plus tard le dernier dimanche avant l'avent, afin qu'il ait le temps de développer ses arômes. Aujourd'hui, les Britanniques utilisent de la graisse végétale (vegetable suet) plutôt que la graisse de rognon de bœuf. Certaines recettes aujourd'hui utilisent du beurre. Le Christmas pudding cuit au moins pendant 8 heures. La recette ci-dessous est une version individuelle, ce qui permet de réduire le temps de cuisson.

STICKY TOFFEE PUDDING / Grande-Bretagne

6 pers. **Préparation : 20 min Cuisson : 30 min**

• 200 g de dattes dénoyautées et coupées en six • 1 cuil. à café rase de bicarbonate de soude • 20 cl d'eau bouillante • 50 g de beurre • 180 g de sucre • 2 œufs • 175 g de farine • 2 cuil. à café rases de levure chimique • 1 pincée de sel **Sauce** : 75 g de sucre roux • 25 g de beurre demi-sel • 1 cuil. à soupe de miel • 1 cuil. à café d'essence de vanille • 3 cuil. à soupe de crème fraîche

Réalisation

Préchauffez votre four à 180 °C (th. 6). Mettez les dates dans un bol avec le bicarbonate de sodium, ajoutez l'eau bouillante, mélangez et réservez. Dans un grand bol, mélangez le beurre et le sucre. Ajoutez les œufs un par un en mélangeant bien entre chaque ajout. Ajoutez la farine, la levure et le sel puis mélangez. Mixez légèrement les dates et le liquide jusqu'à l'obtention d'une purée grossière. Ajoutez cette purée au mélange précédent puis remuez bien. Mettez dans un moule beurré puis enfournez pour 30 minutes. Une lame de couteau insérée au centre doit ressortir sèche. Pendant ce temps, faites fondre le beurre, le miel et le sucre à feu doux. Mélangez pendant 5 minutes puis retirez du feu. Ajoutez petit à petit la crème fraîche et remuez jusqu'à l'obtention d'une sauce onctueuse. Sortez le gâteau du four, laissez refroidir puis démoulez sur une grille. Coupez en tranches et servez avec la sauce. Le gâteau se conserve facilement 4 jours. La sauce se conserve également si vous la mettez dans un pot au frais.

LES BARRES AUX CÉRÉALES

•

FLAPJACK / Grande-Bretagne

10 flapjack **Préparation : 10 min Cuisson : 12 min**

• 100 g de beurre • 75 g de sucre roux • 2 cuil. à soupe de miel liquide (acacia, par exemple) • 250 g de flocons d'avoine

Réalisation

Préchauffez votre four à 180 °C (th. 6). Dans une casserole, faites fondre le beurre avec le sucre et le miel. Retirez la casserole du feu, ajoutez les flocons d'avoine et mélangez bien. Versez ce mélange dans un moule beurré de 23 cm de côté, tassez avec le dos d'une cuillère à soupe et enfournez pendant 12 minutes, jusqu'à ce que le dessus soit légèrement doré. Laissez refroidir 10 minutes puis démoulez. Coupez immédiatement en rectangles et conservez dans une boîte hermétique.

Bon à savoir : les flapjacks sont des barres aux céréales cuisinées depuis toujours en Grande-Bretagne. À ne pas confondre avec les flapjacks américaines, qui sont en fait des crêpes. C'est l'idéal pour le goûter des enfants ou pour un petit creux lors d'une balade.

FLAPJACK AUX POMMES / Grande-Bretagne

10 flapjack **Préparation : 10 min Cuisson : 15 min**

• 100 g de beurre • 75 g de sucre roux • 2 cuil. à soupe de miel liquide (acacia, par exemple) • 250 g de flocons d'avoine • 1/2 pomme pelée et coupée en petits dés • 1/2 cuil. à café rase de cannelle

Réalisation

Préchauffez votre four à 180 °C (th. 6). Dans une casserole, faites fondre le beurre avec le sucre et le miel. Retirez la casserole du feu, ajoutez les dés de pomme, la cannelle et remuez. Ajoutez ensuite les flocons d'avoine et mélangez bien. Versez ce mélange dans un moule beurré de 23 cm de côté, tassez avec le dos d'une cuillère à soupe et enfournez pendant 15 minutes, jusqu'à ce que le dessus soit légèrement doré.

Laissez refroidir 10 minutes puis démoulez. Coupez immédiatement en rectangles et conservez dans une boîte hermétique.

FLAPJACK AUX ABRICOTS SECS ET DATTES / Grande-Bretagne

10 flapjack **Préparation : 10 min Cuisson : 15 min**

• 100 g de beurre • 60 g de sucre roux • 2 cuil. à soupe de miel liquide (acacia, par exemple) • 250 g de flocons d'avoine • 50 g d'abricots secs coupés en petits dés • 50 g de dattes coupées en petits dés

Réalisation

Préchauffez votre four à 180 °C (th. 6). Dans une casserole, faites fondre le beurre avec le sucre et le miel. Retirez la casserole du feu, ajoutez les fruits secs et mélangez. Ajoutez ensuite les flocons d'avoine et mélangez bien.

Versez ce mélange dans un moule beurré de 23 cm de côté, tassez avec le dos d'une cuillère à soupe et enfournez pendant 15 minutes, jusqu'à ce que le dessus soit légèrement doré.

Laissez refroidir 10 minutes puis démoulez. Coupez en tranches et conservez dans une boîte hermétique.

LES GÂTEAUX POUR LES ENFANTS

•

FAIRY CAKES À L'ORANGE / Grande-Bretagne

12 fairy cakes **Préparation : 15 min Cuisson : 20 min**

• 200 g de beurre mou • 200 g de sucre • 200 g de farine à levure incorporée • 2 cuil. à café de levure chimique • 4 œufs • 4 cuil. à soupe d'orange pressée • le zeste d'1 orange **Décor** : 200 g de sucre glace • 1 goutte de colorant alimentaire (facultatif) • 4 cuil à soupe d'eau tiède • fleurs en sucre ou bonbons, type Smarties

Réalisation

Préchauffez votre four à 180 °C (th. 6). Beurrez vos moules à muffins ou mettez des caissettes en papier. Dans un grand saladier, mélangez le beurre mou et le sucre jusqu'à l'obtention d'une consistance crémeuse. Ajoutez les œufs un par un en mélangeant bien entre chaque ajout. Ajoutez la farine, la levure, le zeste d'orange et le jus d'orange, puis mélangez. Remplissez les moules à muffins avec cette pâte, à mi-hauteur. Enfournez et laissez cuire pendant 15 à 20 minutes. Les gâteaux doivent être gonflés et dorés. Une pointe de couteau insérée au centre des gâteaux doit ressortir sèche. Démoulez et laissez refroidir sur une grille.

Préparez le glaçage en ajoutant progressivement l'eau tiède au sucre glace. Vous devez obtenir un mélange assez ferme pour pouvoir être étalé sur les gâteaux. Lorsque les gâteaux sont froids, déposez une petite cuillerée à soupe de glaçage sur chaque gâteau et étalez avec le dos de la cuillère. Ajoutez délicatement une fleur en sucre ou un bonbon sur le dessus, puis réservez jusqu'à ce que le glaçage soit pris. Vous pouvez éventuellement dessiner des motifs avec des crayons décors que vous pouvez trouver dans toutes les grandes surfaces au rayon « Aide à la pâtisserie ». Dans ce cas, attendez que le glaçage soit pris.

Bon à savoir : aux États-Unis et en Grande-Bretagne, il est très courant de faire des gâteaux miniatures pour les enfants lors d'un goûter d'anniversaire ou d'une fête à l'école. Ils sont cuits dans des petites caissettes en papier et décorés avec un glaçage, des bonbons, des fleurs ou autres. Ces petits gâteaux sont appelés cupcakes aux États-Unis et fairy cakes en Grande-Bretagne. Ils sont très tendance en ce moment aux États-Unis. Il existe même à New York des magasins qui ne vendent que des cupcakes.

FAIRY CAKES AU CHOCOLAT
Grande-Bretagne

12 fairy cakes **Préparation : 15 min Cuisson : 20 min**

• 200 g de beurre mou • 200 g de sucre • 150 g de farine à levure incorporée • 2 cuil. à café de levure chimique • 40 g de cacao non sucré • 4 œufs **Décor** : 200 g de sucre glace • 1 goutte de colorant alimentaire (facultatif) • 4 cuil. à soupe d'eau tiède • fleurs en sucre ou bonbons, type Smarties

Réalisation

Préchauffez votre four à 180 °C (th. 6). Beurrez vos moules à muffins ou mettez des caissettes en papier. Dans un bol, mélangez le beurre mou et le sucre jusqu'à l'obtention d'une consistance crémeuse. Ajoutez les œufs un par un en mélangeant bien entre chaque ajout. Ajoutez la farine, la levure et le cacao, puis mélangez. Remplissez les moules à muffins avec cette pâte, à mi-hauteur. Enfournez et laissez cuire pendant 15 à 20 minutes. Les gâteaux doivent être gonflés. Une lame de couteau insérée au centre des gâteaux doit ressortir sèche.

Démoulez et laissez refroidir sur une grille. Préparez le glaçage en ajoutant progressivement l'eau tiède au sucre glace. Vous devez obtenir un

mélange assez ferme pour pouvoir être étalé sur les gâteaux. Lorsque les gâteaux sont froids, déposez une petite cuillerée. à soupe de glaçage sur chaque gâteau et étalez avec le dos de la cuillère. Ajoutez délicatement une fleur en sucre ou un bonbon sur le dessus, puis réservez jusqu'à ce que le glaçage soit pris.
Vous pouvez éventuellement dessiner des motifs avec des crayons décors que vous pouvez trouver dans toutes les grandes surfaces au rayon « Aide à la pâtisserie ». Dans ce cas, attendez que le glaçage soit pris.

CUPCAKES À LA VANILLE / États-Unis

16 cupcakes **Préparation : 15 min Cuisson : 20 min**

• 225 g de beurre mou • 225 g de sucre • 4 œufs • 300 g de farine à levure incorporée • 25 cl de lait • 1 cuil. à café d'extrait de vanille
Glaçage : 200 g de beurre mou • 400 g de sucre glace • 3 cuil. à soupe de lait • quelques gouttes de colorant alimentaire (facultatif)

Réalisation

Préchauffez votre four à 180 °C (th. 6). Beurrez vos moules à muffins ou mettez des caissettes en

papier. Dans un grand saladier, mélangez le beurre mou et le sucre jusqu'à l'obtention d'une consistance crémeuse. Ajoutez les œufs un par un en mélangeant bien entre chaque ajout.
Ajoutez la farine petit à petit en alternant avec le lait et mélangez. Ajoutez l'extrait de vanille et mélangez. Remplissez les moules à muffins avec cette pâte, à mi-hauteur. Enfournez et laissez cuire pendant 15 à 20 minutes. Les gâteaux doivent être gonflés et dorés. Une pointe de couteau insérée au centre des gâteaux doit ressortir sèche. Démoulez et laissez refroidir sur une grille.
Préparez le glaçage en travaillant le beurre mou à l'aide d'une cuillère jusqu'à ce qu'il soit bien souple. Ajoutez le sucre glace et mélangez.
Ajoutez alors le lait et mélangez à nouveau, jusqu'à l'obtention d'un mélange bien crémeux et assez épais pour être étalé sur les cupcakes.
Ajoutez éventuellement du colorant alimentaire.
Lorsque les gâteaux sont froids, déposez une grosse cuillerée à soupe de glaçage et étalez avec le dos de la cuillère.

CUPCAKES AU CHOCOLAT / États-Unis

20 cupcakes **Préparation : 15 min Cuisson : 20 min**

• 175 g de chocolat • 225 g de beurre mou • 225 g de sucre • 4 œufs • 250 g de farine à levure incorporée • 25 cl de lait **Glaçage :** 200 g de beurre mou • 400 g de sucre glace • 3 cuil. à soupe de lait • quelques gouttes de colorant alimentaire (facultatif)

Réalisation

Préchauffez votre four à 180 °C (th. 6). Mettez le chocolat coupé en morceaux dans un bol en verre. Posez ce bol sur une casserole d'eau frémissante afin de le faire fondre. Lorsque que la moitié du chocolat est fondue, retirez le bol de la casserole et remuez jusqu'à ce que le mélange soit bien lisse. Beurrez vos moules à muffins ou mettez des caissettes en papier. Dans un grand saladier, mélangez le beurre mou et le sucre jusqu'à l'obtention d'une consistance crémeuse. Ajoutez les œufs un par un en mélangeant bien entre chaque ajout. Ajoutez le chocolat fondu et mélangez. Ajoutez la farine petit à petit en alternant avec le lait et mélangez. Remplissez les moules à muffins avec cette pâte, à mi-hauteur. Enfournez et laissez cuire pendant 15 à 20 minutes. Les gâteaux doivent être gonflés et dorés. Une pointe de couteau insérée au centre des gâteaux doit ressortir sèche. Démoulez et laissez refroidir sur une grille. Préparez le glaçage en travaillant le beurre mou à l'aide d'une cuillère jusqu'à ce qu'il soit bien souple. Ajoutez le sucre glace et mélangez. Ajoutez le lait et mélangez à nouveau, jusqu'à l'obtention d'un mélange bien crémeux et assez épais pour être étalé sur les cupcakes. Ajoutez éventuellement du colorant alimentaire. Lorsque les gâteaux sont froids, déposez une grosse cuillerée à soupe de glaçage et étalez avec le dos de la cuillère.

BLACK BOTTOM CUPCAKES / États-Unis

12 cupcakes **Préparation : 25 min Cuisson : 20 min**

• 150 g de fromage frais type Saint-Moret • 1 œuf battu • 50 g de sucre • 100 g de chocolat noir • 200 g de farine • 1 cuil. à café de levure chimique • 50 g d'amandes effilées • 125 g de sucre roux • 1 pincée de sel • 50 g de cacao non sucré • 10 cl de lait • 15 cl d'eau • 10 cl d'huile de tournesol • 1 cuil. à soupe de vinaigre de cidre • 1 cuil. à café d'extrait de vanille

Réalisation

Préchauffez votre four à 180 °C (th. 5). Beurrez

vos moules à muffins ou mettez des caissettes en papier. Dans un bol, mélangez le fromage frais avec l'œuf battu et le sucre, jusqu'à l'obtention d'un mélange bien crémeux. Coupez le chocolat en morceaux de la taille de pépites, à l'aide d'un couteau aiguisé, puis ajoutez-les au mélange précédent.

Dans un grand bol, versez la farine, la levure, les amandes effilées, le sucre, la pincée de sel et le cacao. Faites un puits au centre et versez l'eau, le lait, l'huile, le vinaigre et l'extrait de vanille.

Mélangez jusqu'à obtenir un mélange homogène. Versez-le jusqu'au 1/3 de la hauteur des moules à muffins. Ajoutez le mélange à base de fromage frais et enfournez pendant 20 minutes.

Laissez refroidir, démoulez et laissez à nouveau refroidir sur une grille.

Bon à savoir : un grand classique aux États-Unis à découvrir d'urgence.

GINGERBREAD MEN / États-Unis et Grande-Bretagne

12 bonhommes **Préparation : 25 min Cuisson : 10 min**

• 300 g de farine • 2 cuil. à café de levure chimique • 1 cuil. à café rase de gingembre en poudre • 150 g de sucre roux • 100 g de beurre mou • 5 cuil. à soupe de miel liquide (acacia, par exemple) • 1 œuf battu • 1 cuil. à soupe de jus de pomme • 1 cuil. à soupe de lait **Décor** : raisins secs pour les yeux et les boutons

Réalisation

Préchauffez votre four à 180 °C (th. 6). Mettez la farine, la levure, le gingembre et le sucre dans un grand bol. Incorporez le beurre du bout des doigts jusqu'à l'obtention d'une chapelure grossière. Ajoutez alors le miel, l'œuf battu, le jus de pomme et le lait et mélangez jusqu'à l'obtention d'une pâte souple. Étalez cette pâte sur une surface légèrement farinée, sur une épaisseur d'environ 5 mm. Coupez des bonhommes à l'aide d'un emporte-pièce et mettez-les sur une plaque de cuisson. Disposez des raisins secs pour suggérer les yeux et les 3 boutons sur le corps. Enfournez pendant 10 minutes environ. Laissez refroidir 2 minutes puis mettez-les sur une grille. Si vous n'avez pas d'emporte-pièce en forme de bonhomme, dessinez un bonhomme sur du papier cartonné, découpez-le, posez-le sur la pâte et découpez la pâte autour du bonhomme.

Bon à savoir : les Gingerbread men sont cuisinés plutôt au moment de Noël et sont parfois accrochés sur les sapins.

SMOOTHIES ET MILKSHAKES

•

MILKSHAKE À LA BANANE / États-Unis

4 verres **Préparation : 5 min**

• 4 boules de glace à la vanille • 2 bananes • 50 cl de lait froid

Réalisation

Pelez et coupez les bananes en morceaux. Mettez l'ensemble des ingrédients dans le bol de votre robot de type blender et mixez jusqu'à l'obtention d'une consistance mousseuse. Servez immédiatement dans des grands verres avec des pailles.

Bon à savoir : laits aromatisés, milkshakes et smoothies : il n'est pas toujours facile de s'y retrouver dans ces boissons anglo-saxonnes. Le lait aromatisé est tout simplement du lait avec du cacao ou des fruits mixés, il est assez liquide. Smoothies et milkshakes sont plus consistants. Le milkshake est fabriqué à partir de crème glacée et de fruits ou de chocolat. Le smoothie ne contient pas de crème glacée, mais uniquement des fruits, de la glace pilée et un peu de yaourt, ce qui le rend moins riche. Les smoothies offrent l'avantage d'être très appréciés des enfants et ainsi de pouvoir leur faire manger des fruits variés.

MILKSHAKE AU CHOCOLAT / États-Unis

4 grands verres **Préparation : 5 min**

• 4 grosses boules de glace au chocolat • 50 cl de lait froid • 2 cuil. à soupe de pâte à tartiner type Nutella • un peu de cacao non sucré pour décorer

Réalisation

Mettez l'ensemble des ingrédients dans le bol d'un robot mixeur de type blender et mixez jusqu'à l'obtention d'une consistance mousseuse. Servez immédiatement dans des grands verres avec des pailles. Décorez avec le cacao.

SMOOTHIE FRAISE BANANE / États-Unis et Grande-Bretagne

4 grands verres **Préparation : 5 min**

• 2 bananes • 300 g de fraises • 6 cubes de glace • 1 yaourt nature de type velouté

Réalisation

Mettez les cubes de glace dans le bol d'un robot mixeur de type blender et actionnez durant 3 secondes afin d'obtenir de la glace pilée. Lavez et équeutez les fraises puis mettez-les dans le bol du robot avec les bananes coupées en morceaux et le yaourt. Mixez jusqu'à l'obtention d'une consistance mousseuse. Servez immédiatement dans des grands verres avec des pailles.

SMOOTHIE MANGUE KIWI BANANE
États-Unis et Grande-Bretagne

4 grands verres **Préparation : 5 min**

• 2 petites mangues • 1 banane • 2 kiwis • 8 cubes de glace
• 2 yaourts nature de type velouté

Réalisation

Pelez les mangues, retirez le noyau et coupez la chair en gros morceaux. Pelez les kiwis et coupez la chair en morceaux. Pelez la banane et coupez-la en morceaux. Mettez les cubes de glace dans le bol d'un robot mixeur de type blender et actionnez durant 3 secondes afin d'obtenir de la glace pilée.

Mettez les morceaux de mangue, de kiwi, de banane et les yaourts dans le bol du robot. Mixez jusqu'à l'obtention d'une consistance mousseuse. Servez immédiatement dans des grands verres avec des pailles.

SMOOTHIE PÊCHE FRAMBOISE
États-Unis et Grande-Bretagne

4 grands verres **Préparation : 5 min**

• 3 pêches • 300 g de framboises • 6 cubes de glace • 1 yaourt nature de type velouté • 1 cuil. à soupe rase de sucre

Réalisation

Pelez les pêches et coupez leur chair en morceaux en retirant les noyaux. Mettez les cubes de glace dans le bol d'un robot mixeur de type blender et actionnez durant 3 secondes afin d'obtenir de la glace pilée. Mettez les morceaux de pêches, les framboises, le yaourt et le sucre dans le bol du robot. Mixez jusqu'à l'obtention d'une consistance mousseuse. Servez immédiatement dans des grands verres avec des pailles.

LES SAUCES SUCRÉES

•

CUSTARD (crème anglaise) / Grande-Bretagne

pour 50 cl **Préparation : 15 min Cuisson : 10 min**

• 25 cl de crème liquide • 25 cl de lait • 1 gousse de vanille • 3 jaunes d'œufs • 3 cuil. à soupe rases de sucre • 2 cuil. à soupe rases de Maïzena

Réalisation

Mettez le lait, la crème et les graines de vanille dans une grande casserole. Faites chauffer à feu moyen jusqu'aux premiers bouillonnements. Pendant ce temps, mélangez dans un bol les jaunes avec la Maïzena et le sucre. Versez petit à petit le mélange lait et crème sur ce mélange, tout en remuant. Versez ce mélange à nouveau dans la casserole et mélangez à feu doux, jusqu'à ce que la crème épaississe. Laissez légèrement tiédir et servez. Si vous devez la conserver, mettez au frais en recouvrant d'un film étirable.

Bon à savoir : il s'agit d'une crème anglaise, mais plus épaisse que celle que nous faisons en France. Sauf dans les trifles, elle est toujours servie tiède, avec les tartes par exemple.

DULCE DE LEITE (confiture de lait)
Amérique du Sud

pour 1 pot **Préparation : 5 min Cuisson : 3 h 30**

- 1 boîte de lait concentré sucré (397 g)

Réalisation

Mettez votre boîte de lait concentré sucré dans une casserole. Remplissez-la d'eau, le niveau de l'eau devant arriver à environ 1 cm au dessus de la boîte. Faites frémir pendant 3 h 30 en rajoutant de l'eau environ touts les 1/2 h, afin que la boîte soit toujours complètement dans l'eau. Au bout de 3 h 30, videz l'eau et laissez complètement refroidir la boîte avant de l'ouvrir. Ouvrez et dégustez.

Bon à savoir : cette douceur originaire d'Amérique du sud est très facile à réaliser. Quel plaisir ensuite d'ouvrir la boîte de lait concentré sucré et de découvrir cette crème aux couleurs de caramel ! Surveillez bien la cuisson afin que la boîte soit toujours immergée dans de l'eau.
Elle est excellente sur du pain grillé ou avec un yaourt et sert également à la fabrication du banoffee pie.

LEMON CURD / Grande-Bretagne

pour 2 pots type confiture **Prép. : 10 min Cuisson : 20 min**

• 10 cl de citron (environ 2 citrons) • le zeste de 2 citrons non traités • 150 g de sucre • 4 œufs • 75 g de beurre mou

Réalisation

Lavez puis prélevez le zeste des 2 citrons et réservez. Mettez les œufs battus, le sucre, le jus de citron, le zeste et le beurre coupé en petits morceaux dans un saladier en verre, puis mélangez. Posez ce saladier sur une casserole d'eau frémissante, sans que le fond du saladier ne touche l'eau. Mélangez régulièrement au début, puis constamment à partir du moment où le mélange est chaud. Continuez à mélanger à l'aide d'un fouet, jusqu'à ce que la crème épaississe. Lorsqu'elle a la consistance d'une crème épaisse, arrêtez la cuisson et verser la lemon curd dans 2 pots de confiture que vous aurez préalablement ébouillantés. Conservez cette lemon curd au frais une dizaine de jours.

Cette crème au citron est excellente sur un toast grillé, dans des fonds de minitartelettes, dans un trifle ou pour garnir un Victoria sponge cake.

ORANGE CURD / Grande-Bretagne

pour 2 pots type confiture **Prép. : 10 min Cuisson : 20 min**

• 2 oranges non traitées • 1/2 citron • 100 g de sucre • 4 œufs plus 1 jaune • 75 g de beurre mou

Réalisation

Lavez les oranges puis prélevez leur zeste. Pressez les 2 oranges et le 1/2 citron. Dans un saladier en verre, mélangez le beurre mou et le sucre. Ajoutez les œufs battus, les zestes et mélangez. Ajoutez le jus d'orange et de citron et mélangez. Posez ce saladier sur une casserole d'eau frémissante. Mélangez constamment, jusqu'à ce que la crème épaississe. Lorsqu'elle a la consistance d'une crème épaisse, arrêtez la cuisson et versez-la dans 2 pots de confiture que vous aurez préalablement ébouillantés. Conservez cette orange curd au frais une dizaine de jours.

BEURRE DE CACAHUÈTES / États-Unis

pour 1 pot type confiture **Prép. : 20 min Repos : 10 min Cuis. : 5 min**

• 300 g de cacahuètes nature non salées • 2 cuil. à soupe d'huile d'arachide • 1/2 cuil. à café de sel

Réalisation

Faites chauffer une grande poêle. Mettez-y les cacahuètes nature et remuez de temps en temps. Lorsque les cacahuètes se colorent (environ 5 minutes), retirez la poêle du feu et versez les cacahuètes dans un saladier en verre. Laissez-les tiédir 10 minutes puis mettez-les dans le bol d'un robot mixeur avec 2 cuillerées à soupe d'huile et 1/2 cuillérée à café de sel. Actionnez le robot jusqu'à obtenir la consistance d'une pâte. Ouvrez de temps en temps le robot pour racler les parois. Cette opération prend plus de 5 minutes. Arrêtez votre robot de temps en temps. Mettez dans un pot et conservez au frais.

Bon à savoir : saviez-vous qu'il est très facile de fabriquer du beurre de cacahuètes vous-même ? Si vous souhaitez une version avec des morceaux de cacahuètes, prélevez 75 g de cacahuètes grillées que vous concasserez et ajouterez au mélange final.

FUDGE SAUCE AU CHOCOLAT / États-Unis

pour 1 pot type confiture **Préparation : 5 min Cuisson : 10 min**

• 200 g de chocolat noir en morceaux • 50 g de beurre demi-sel • 15 cl de crème fraîche • 85 g de sucre roux • 2 cuil. à soupe de miel liquide

Réalisation

Mettez l'ensemble des ingrédients dans une casserole et faites fondre à feu doux en remuant de temps en temps. Lorsque tout le chocolat est fondu, continuez à remuer pendant 5 minutes. Faites refroidir un peu et servez avec de la glace, par exemple. Cette sauce se conserve 1 semaine au frais. Au moment de servir, mettez la quantité souhaitée quelques secondes au micro-ondes.

Bon à savoir : cette sauce est excellente avec de la glace à la vanille et avec la coupe de glace banana split.

BRANDY BUTTER / Grande-Bretagne

10 pers. **Préparation : 10 min Pas de cuisson**

• 150 g de beurre mou • 300 g de sucre glace • 6 cuil. à soupe de brandy (cognac)

Réalisation

Travaillez le beurre mou à l'aide d'une cuillère jusqu'à ce qu'il soit bien souple. Ajoutez le sucre glace et mélangez. Ajoutez alors le cognac et mélangez à nouveau, jusqu'à l'obtention d'un mélange bien crémeux.
Conservez au frais jusqu'au moment de servir.
Cette sauce se congèle très bien.

Bon à savoir : le brandy butter est une sauce au beurre sucrée et aromatisée avec du brandy (cognac). Elle est servie traditionnellement avec le Christmas pudding, le jour de noël.

PANCAKES / États-Unis

15 pancakes **Prép. : 10 min Rep. : 30 min Cuis. : 3 min/pancake**

• 4 œufs • 30 cl de lait • 300 g de farine • 2 cuil. à café de levure chimique • 4 cuil. à soupe de sucre • 2 pincées de sel • beurre pour la poêle

Réalisation

Séparez les blancs des jaunes et battez les blancs en neige ferme. Mélangez les jaunes avec le lait, ajoutez la farine, la levure, le sucre et le sel et mélangez bien, jusqu'à l'obtention d'une pâte sans grumeaux. Incorporez les blancs battus en neige et laissez reposer environ 1/2 heure.

Au moment de servir, chauffez et graissez une poêle avec un peu de beurre. Déposez une petite louche de pâte dans la poêle. Dès qu'une multitude de petites bulles apparaissent à la surface, vous pouvez retourner la crêpe. Laissez-la cuire encore 30 à 40 secondes. Vous pouvez faire cuire les crêpes deux par deux, jusqu'à épuisement de la pâte.

Servez chaud avec du sirop d'érable.

Bon à savoir : si les Britanniques mangent plutôt des toasts pour leur petit déjeuner, les Américains et les Canadiens sont friands de pancakes, sorte de crêpes épaisses de la taille de blinis. Ces crêpes sont excellentes servies chaudes avec du sirop d'érable. Vous pouvez les faire cuire deux par deux dans une grande poêle ou utiliser une poêle à blinis.

PANCAKES AUX MYRTILLES / États-Unis

15 pancakes **Prép. : 10 min Repos : 30 min Cuis. : 3 min/pancake**

• 4 œufs • 30 cl de lait • 300 g de farine • 2 cuil. à café de levure chimique • 4 cuil. à soupe de sucre • 2 pincées de sel • 80 g de myrtilles • beurre pour la poêle

Réalisation

Séparez les blancs des jaunes et battez les blancs en neige ferme. Mélangez les jaunes avec le lait, ajoutez la farine, la levure, le sucre et le sel et mélangez bien jusqu'à l'obtention d'une pâte sans grumeaux. Incorporez les blancs battus en neige. Ajoutez les myrtilles, mélangez et laissez reposer environ 1/2 heure. Au moment de servir,

chauffez et graissez une poêle avec un peu de beurre. Déposez une petite louche de pâte dans la poêle. Dès qu'une multitude de petites bulles apparaissent à la surface, vous pouvez retourner la crêpe. Laissez-la cuire encore 30 à 40 secondes. Vous pouvez faire cuire les crêpes deux par deux, jusqu'à épuisement de la pâte.
Servez chaud avec du sirop d'érable.

PANCAKES À LA RICOTTA ET AUX ZESTES D'ORANGES / États-Unis

15 pancakes **Prép. : 10 min Repos : 30 min Cuis. : 2 min/pancake**

• 4 œufs • 30 cl de lait • 250 g de ricotta • le zeste d'1 orange • 250 g de farine • 2 cuil. à café de levure chimique • 4 cuil. à soupe de sucre • 2 pincées de sel • beurre pour la poêle

Réalisation

Séparez les blancs des jaunes et battez les blancs en neige ferme. Mélangez les jaunes avec le lait, le zeste d'orange et la ricotta. Ajoutez la farine, la levure, le sucre et le sel et mélangez bien jusqu'à l'obtention d'une pâte sans grumeaux. Incorporez les blancs battus en neige et laissez

reposer environ 1/2 heure. Au moment de servir, chauffez et graissez une poêle avec un peu de beurre. Déposez une petite louche de pâte dans la poêle. Dès qu'une multitude de petites bulles apparaissent à la surface, vous pouvez retourner la crêpe. Laissez-la cuire encore 30 à 40 secondes. Vous pouvez faire cuire les crêpes deux par deux, jusqu'à épuisement de la pâte.
Servez chaud avec du sirop d'érable.

ENGLISH MUFFINS / Grande-Bretagne

12 muffins **Prép. : 40 min Repos : 1 h Cuisson : 14 min/fournée**

• 27,5 cl de lait • 1 cuil. à café bombée de sucre • 1 cuil. à café rase de sel • 11 g de levure sèche de boulanger • 450 g de farine • un peu de beurre pour la poêle

Réalisation

Faites chauffer le lait dans une casserole afin qu'il soit tiède. Vous devez pouvoir le toucher avec vos doigts, sans vous brûler. Versez le lait dans un bol en verre, ajoutez le sucre, le sel et la levure et mélangez avec une fourchette. Laissez reposer environ 10 minutes, jusqu'à ce qu'une mousse assez épaisse se soit formée à la surface. Versez la farine dans un grand saladier, faites un puits et versez le mélange liquide. Mélangez avec une cuillère en bois puis avec votre main droite, jusqu'à l'obtention d'une boule. Si la pâte est trop sèche, ajoutez un peu d'eau tiède. Mettez cette boule sur une surface propre et farinée et pétrissez-la pendant 10 minutes. Transférez dans un grand saladier propre, couvrez et faites lever dans un endroit chaud, jusqu'à ce que la pâte ait doublé de volume (environ 45 minutes). Enfoncez votre poing dans la pâte pour faire sortir l'air puis étalez-la sur une surface farinée sur une épaisseur de 1 cm. Coupez des ronds de 8 cm de diamètre. Rassemblez les chutes en une boule, étalez-la et coupez à nouveau des ronds. Mettez ces ronds sur une plaque et laissez à nouveau lever pendant environ 15 minutes, dans un endroit chaud. Faites chauffer une poêle antiadhésive à feu moyen. Déposez-y les muffins (5 par 5), aplatissez-les légèrement avec votre main et faites-les cuire 7 minutes. Retournez-les, aplatissez-les légèrement avec le dos d'une grande cuillère et faites à nouveau cuire 7 minutes. Ils doivent être légèrement blonds et émettre un son creux lorsque vous tapotez dessus avec la pointe d'un couteau.

Servez tièdes, coupés en deux et beurrés. Conservez le reste dans une boîte en fer blanc. Passez les muffins au grille-pain pour les réchauffer.

Bon à savoir : il s'agit de petits pains blancs qui se mangent toastés et beurrés au petit déjeuner ou pour le thé. Ils sont également excellents en version salée, avec des œufs brouillés et du bacon. Ils sont appelés muffins en Grande-Bretagne et english muffins dans les autres pays anglo-saxons, afin de ne pas les confondre avec les muffins américains qui sont totalement différents.

MUESLI OU GRANOLA / Grande-Bretagne (muesli) et États-Unis (granola)

10 pers. **Préparation : 15 min Cuisson : 6 min**

Pour 500 g de muesli : 250 g de flocons d'avoine • 50 g de noix de pécan • 3 cuil. à soupe de graines de sésame • 1 cuil. à soupe de miel liquide (acacia) • 25 g de sucre roux • 50 g d'abricots secs • 25 g de figues • 50 g de dattes

Réalisation

Coupez les cerneaux de noix de pécan en quatre et les fruits séchés en petits dés. Faites chauffer une grande poêle puis versez-y les flocons d'avoine, les graines de sésame, les noix de pécan, le sucre et le miel. Remuez très souvent jusqu'à l'obtention d'un mélange ayant une belle couleur dorée, soit pendant environ 6 minutes. Ajoutez les fruits séchés, mélangez, versez dans un bol en verre pour refroidir le muesli. Servez pour le petit déjeuner, avec du lait ou du yaourt et éventuellement des fruits frais selon la saison. Conservez 3 semaines dans une boîte hermétique.

Bon à savoir : les Britanniques et les Américains consomment beaucoup de céréales au petit déjeuner. Ils aiment également composer leur propre mélange qu'ils appellent muesli ou granola, muesli voulant dire « mélange » en allemand. La recette qui suit est un mélange de flocons d'avoine, de graines de sésame, de noix, de fruits secs et de miel, le tout grillé puis refroidi. On le déguste pour le petit déjeuner avec du lait ou du yaourt, en ajoutant éventuellement des fruits frais au moment de servir. Cette version est différente du « Bircher Muesli » inventé en Suisse par le nutritionniste Dr Bircher-Benner, qui consiste en un mélange de flocons d'avoine non grillés, de pommes, de noix et de fruits secs que l'on fait tremper toute une nuit dans du lait.

•

HOT CROSS BUNS / Grande-Bretagne

12 buns **Prép. : 40 min Repos : 1 h 15 Cuisson : 15 min**

• 450 g de farine • 11g de levure sèche de boulanger • 1 cuil. à café rase de sel • 50 g de sucre • 1 cuil. à café rase d'un mélange quatre-épices • 1/2 cuil. à café rase de cannelle en poudre • 1/2 cuil. à café rase de gingembre en poudre • 75 g de raisins secs • 75 g d'écorces d'oranges confites • 20 cl de lait tiède • 1 œuf battu • 50 g de beurre fondu **Glaçage** : 4 cuil. à soupe d'eau • 4 cuil. à soupe de sucre **Décor** : 50 g de farine et suffisamment d'eau pour avoir une pâte qui puisse étaler

Réalisation

Dans un grand saladier, mélangez la farine, la levure, le sel, le sucre et les épices. Incorporez les fruits secs et mélangez. Faites chauffer le lait dans une casserole afin qu'il soit tiède. Vous devez pouvoir le toucher avec vos doigts, sans vous brûler. Faites un puits au centre des éléments secs et versez le lait tiède, l'œuf battu et le beurre fondu. Mélangez avec une cuillère en bois puis avec votre main droite, jusqu'à l'obtention d'une boule. Si la pâte est trop sèche, ajoutez un peu d'eau tiède ; si elle est trop collante, ajoutez un peu de farine.

Mettez cette boule sur une surface propre et farinée et pétrissez-la pendant 10 minutes. Transférez dans un grand bol, couvrez et faites lever dans un endroit chaud, jusqu'à ce que la pâte ait doublé de volume (environ 45 minutes). Après la période de repos, enfoncez votre poing dans la pâte pour faire sortir l'air, puis formez 12 petits pains en leur donnant une forme légèrement carrée. Posez ces petits pains sur deux plaques de cuisson en les espaçant et formez une croix sur chaque petit pain, à l'aide d'un couteau. Faites lever à nouveau pendant 30 mi-nutes dans un endroit chaud. Pendant ce temps, faites préchauffer votre four à 200 °C (th. 6). Préparez un sirop en mélangeant 4 cuillerées à soupe d'eau et 4 cuillerées à soupe de sucre puis en faisant chauffer ce mélange 40 secondes au micro-ondes jusqu'à ce qu'il ait une consistance sirupeuse. Préparez une pâte en mélangeant 50 g de farine et suffisamment d'eau pour pouvoir la travailler. Étalez cette pâte très finement puis coupez-la en 12 bandes de 5 mm. À la fin de la période de repos, coupez chaque bande en deux, humectez-les et posez-les sur la croix qui s'est formée. Faites adhérer avec vos doigts. Enfournez les buns pendant 15 minutes environ. Ils doivent être dorés et émettre un son creux lorsque vous tapotez sur le dessous avec la pointe d'un couteau. Dès la sortir du four, badigeonnez chaque bun avec le sirop de sucre. À manger tièdes, ouverts et beurrés. Ils sont meilleurs le jour même.

Bon à savoir : Bun signifie « petit pain brioché » en anglais. Cette petite brioche aux raisins secs et aux écorces d'oranges est servie traditionnellement en Grande-Bretagne le vendredi saint, avant Pâques. Son nom provient de la croix qui est dessinée sur le dessus de la brioche et qui est censée représenter celle du Christ. Les historiens ne sont pas tous d'accord sur ce point.

CINNAMON ROLLS / États-Unis

15 rolls **Prép. : 40 min Repos : 1 h 15 Cuisson : 20 min**

• 700 g de farine • 1 cuil. à café rase de sel • 25 cl de lait tiède • 11 g de levure sèche de boulanger • 75 g de sucre • 75 g de beurre • 3 œufs à température ambiante **Garniture** : 150 g de sucre roux • 3 cuil. à café rases de cannelle • 100 g de beurre **Glaçage** : 4 cuil. à soupe de crème fraîche • 1 cuil. à soupe de sucre glace

Réalisation

Dans un grand saladier, mettez la farine et le sel, réservez. Dans un petit bol, mélangez le lait tiède, le sucre et la levure. Laissez reposer quelques minutes. Battez les œufs et ajoutez le beurre fondu. Faites un puits au milieu de la farine et versez le mélange levure et lait. Ramenez doucement la farine vers le milieu. Ajoutez le mélange œufs et beurre. Mélangez avec une cuillère en bois puis avec votre main droite, jusqu'à ce que vous puissiez former une boule avec la pâte. Si la pâte est trop sèche, ajoutez un peu d'eau tiède ; si elle est trop collante, ajoutez un peu de farine. Mettez cette boule sur une surface propre et farinée et pétrissez-la pendant 10 minutes. Transférez dans un grand saladier propre, couvrez et faites lever dans un endroit chaud, jusqu'à ce que la pâte ait doublé de volume (environ 45 minutes). Pendant ce temps, préparez la garniture en mélangeant le sucre, la cannelle et le beurre mou. Après la période de repos, enfoncez votre poing dans la pâte pour faire sortir l'air, puis étalez la pâte en un rectangle de 60 cm sur 40 cm. Étalez la garniture sur toute la surface du rectangle. Roulez le rectangle en un gros boudin. Fermez les extrémités puis coupez en 15 rondelles de 3 cm d'épaisseur. Posez ces rondelles sur deux ou trois plaques de cuisson et laissez reposer une demi-heure dans un endroit chaud, la pâte va à nouveau gonfler. Préchauffez votre four à 180 °C (th. 6). À la fin de la période de repos, badigeonner chaque roll avec le mélange crème et sucre. Enfournez et laissez cuire pendant 20 minutes environ. Les rolls doivent être bien dorés. Ils sont meilleurs le jour même.

LES DESSERTS À BASE DE FRUITS

•

BANANA SPLIT / États-Unis

4 pers. **Préparation : 5 min**

• 4 bananes • 4 boules de glace à la vanille • 4 boules de glace au chocolat • 8 cuil. à soupe de « fudge sauce au chocolat » • 4 cuil. à soupe d'amandes effilées • 25 cl de crème liquide très froide

Réalisation

Préparez la crème chantilly en battant la crème liquide très froide dans un bol en verre que vous aurez mis au congélateur pendant 1/2 heure. Réservez la crème chantilly au frais.

Dans 4 coupes à glace ou assiettes creuses, mettez une banane coupée en gros tronçons, une boule de glace à la vanille et une boule de glace au chocolat. Posez un peu de crème chantilly sur le dessus puis mettez de la fudge sauce au chocolat.

Décorez avec les amandes effilées.

Servez immédiatement.

ETON MESS / Grande-Bretagne

4 pers. **Préparation : 20 min**

• 500 g de fraises • 15 petites meringues du commerce (60 g) • 25 cl de crème fraîche liquide très froide • 3 cuil. à soupe de sucre glace

Réalisation

Versez la crème liquide très froide dans un bol en verre et mettez l'ensemble au congélateur. Lavez puis équeutez les fraises. Mettez la moitié des fraises dans le bol d'un robot avec 1 cuillerée à soupe de sucre glace. Actionnez votre robot jusqu'à l'obtention d'une purée de fraises puis réservez. Mettez 2 fraises de côté, coupez le reste en morceaux et réservez. Battez la crème liquide en chantilly à l'aide d'un batteur électrique, en incorporant 2 cuillerées à soupe de sucre glace à mi-parcours. Cassez les meringues en morceaux de la taille de noix et mettez-les dans un grand bol. Ajoutez les fraises en morceaux et la chantilly puis mélangez délicatement. Ajoutez la moitié de la purée de fraises puis mélangez juste assez pour obtenir un effet marbré. Servez dans 4 coupes individuelles puis ajoutez une grosse cuillerée à soupe du reste de la purée de fraises sur chaque coupe.

Décorez chaque coupe avec une demi-fraise.

Bon à savoir : ce dessert est très classique en Grande-Bretagne. Il s'agit d'un mélange de meringues émiettées, de fraises et de crème chantilly.

BANANES MERINGUÉES / Grande-Bretagne

4 pers. **Préparation : 15 min Cuisson : 15 min**

• 25 g de sucre roux • 15 g de beurre • 4 bananes • 3 blancs d'œufs • 1 pincée de sel • 100 g de sucre glace

Réalisation

Préchauffez votre four à 180 °C (th. 6). Dans un plat à gratin, faites fondre le beurre et le sucre et ajoutez les bananes coupées en deux dans le sens de la longueur. Remuez délicatement pour bien enrober les bananes. Dans un bol, battez les blancs en neige avec une pincée de sel. À mi-parcours, ajoutez le sucre glace. Mettez la meringue sur les bananes et lissez la surface. Faites cuire environ 15 minutes, jusqu'à ce que la surface de la meringue soit bien dorée. Servir tiède.

INDEX DES RECETTES

Les scones sucrés et salés

Les cakes pour le thé

Les shortbreads

Les cookies

Les muffins

Les crumbles et les cobblers

Les trifles

Les puddings

Les barres aux céréales

Les gâteaux pour les enfants

Les smoothies et les milkshakes

Les sauces sucrées

Le petit déjeuner

Les brioches

Les desserts à base de fruits

VOUS AVEZ AIMÉ CE LIVRE ?

Vous trouverez également dans la même collection :

LES TITRES CUISINE /SANTÉ

Recettes pour bébé • Recettes pour diabétiques • Recettes Oméga 3 • Fibrissime • Recettes vapeur et minceur • Menus minceur • Recettes minceur épices et aromates • Recettes anti-âge • Recettes anti-cholestérol • Soupes santé et minceur Menus pour futures mamans • Desserts minceur • Recettes minceur d'ici et d'ailleurs • Les meilleurs recettes du régime crétois Recettes à faible IG • Recettes anti-allergies • Recettes anti-stress • Le petit livre de la minceur • Le Décodeur minceur Verrines minceur • Recettes contre le cancer • 5 fruits et légumes par jour • Recettes minceur pour mon homme • Agar-agar, secrets et recettes

LES TITRES CUISINE

Recettes express • Tartes salées et sucrées • Pâtes • Recettes éco Crêpes salées et sucrées • Crumbles • Soupes • Recettes pour débutants • Recettes aux œufs • Tartares et carpaccios • Wok Quiches, tartes et tatins • Gratins • Fêtes et fiestas • Tout chocolat • Cakes salés et sucrés • Recettes pour deux • Desserts simplissimes • Recettes végétariennes • Recettes provençales • Recettes du Pays basque • Recettes d'Italie • Recettes du Maroc • Recettes juives • Salades express • Confitures, gelées et marmelades • Brochettes et barbecue • Recettes de grand-mère Recettes d'Espagne • Recettes d'Asie • Recettes du congélo Recettes alsaciennes • Recettes lyonnaises • Dîners à thèmes

Dans la collection **Le petit livre de** vous trouverez également **les thématiques** suivantes :

Le petit livre de Cuisine

Le petit livre de Culture générale

Le petit livre de Insolites

Le petit livre de Tourisme

Le petit livre de Langues

Le petit livre de Humour